因為愛，陪妳做公主

夏克立＆黃嘉千 著

A princess by my side

野人家 157

因為愛，陪妳做公主：
寵愛不寵壞，中西父母聰明教出自信、優雅、貼心的好女兒

作　　者　夏克立、黃嘉千

總 編 輯　張瑩瑩
副總編輯　蔡麗真
責任編輯　楊玲宜
封面設計　比比司
內文排版　洪素貞 (suzan1009@gmail.com)
行銷企畫　林麗紅

社　　長　郭重興
發行人兼
出版總監　曾大福
出　　版　野人文化股份有限公司
發　　行　遠足文化事業股份有限公司
　　　　　地址：231 新北市新店區民權路 108-2 號 9 樓
　　　　　電話：（02）2218-1417　傳真：（02）8667-1065
　　　　　電子信箱：service@bookrep.com.tw
　　　　　網址：www.bookrep.com.tw
　　　　　郵撥帳號：19504465 遠足文化事業股份有限公司
　　　　　客服專線：0800-221-029
法律顧問　華洋法律事務所　蘇文生律師
印　　製　成陽印刷股份有限公司
初版一刷　2016 年 9 月 28 日
初版二刷　2016 年 10 月 28 日

國家圖書館出版品預行編目 (CIP) 資料

因為愛，陪妳做公主：寵愛不寵壞，中西父
母聰明教出自信、優雅、貼心的好女兒 /
夏克立, 黃嘉千著 .-- 初版 .-- 新北市：野
人文化出版：遠足文化發行, 2016.10
　面；　公分 .-- (野人家；157)
　ISBN 978-986-384-157-9 (平裝)

1. 親職教育 2. 子女教育

528.2　　　　　　　　　105015189

原著作名：【一生陪你做公主】
作者：夏克立、黃嘉千
本書由天津磨鐵圖書有限公司授權出版，
限在全球、除中國大陸以外，但包含港澳的地區發行
非經書面同意，不得以任何形式任意複製、轉載。

因為愛，陪妳做公主

線上讀者回函專用 QR CODE，您的
寶貴意見，將是我們進步的最大動力。

目 錄

Contents

自 序

黃 嘉 千

「陪伴」，
是最好的家庭教育

這本書之所以能出版，我必須謝謝我老公夏克立。

為什麼要謝謝他呢？因為他的原生家庭就是書裡所寫的這樣，有著非常棒的親子關係。我從他的家庭裡面學習到，我們要把眼睛打開、把耳朵打開，只有看到了一切，才有辦法去理解。家庭關係很重要，父母之間的感情也很重要。也可以說，父母相愛對孩子來說就是最大的安全感。

　　有許多人都對伴侶有很多的抱怨，整天埋怨對方：「為什麼你不能多做一點家事，多帶一下孩子，難道我就沒有工作要忙嗎？我這麼累，回來還要繼續陪孩子，你就不能多體諒我一些嗎？」其實，根本不需要講這些話，因為這些事情都是你應該做的，這是你自己的孩子。既然都做了，何必再生悶氣讓自己不開心，也讓家人不開心呢？

　　因為陪伴孩子是我們理所當然該做的，工作賺錢也是理所當然，所以又有什麼值得抱怨的呢？看到對方回家，我們應該溫柔地問一句：「怎麼樣，今天累不累？你為這個家付出這麼多，謝謝。」而不是看到另一半躺在沙發上不跟孩子玩，就氣得要死。

　　我曾經回到家也這樣懶懶的什麼也不想理，夏克立也會生氣。然後換成他忙碌一天回來的時候，我就在心裡面說：「好了，我還你了。」那時候我們兩個人會互相計較：「你還不是一樣，有什麼資格說我？」當時似乎理直氣壯，但是這對維護家庭關係有什麼幫助呢？不僅沒有任何幫助，還會破壞它。

　　「家」不能被破壞，尤其是有了孩子，我們更不能任性地破壞它。很多夫妻雖然感情不好，但會因為孩子而選擇不離婚，他們是在忍耐。從此刻起，一定要放下「忍耐」，並重新開始愛你的老公或老婆，這樣才能讓孩子看到你們之間的愛，孩子才會懂得如何去愛。

　　不妨回想一下，當初是怎麼愛上他（她）的，為什麼決定嫁給他或者娶她，你一定愛他（她）原來那個樣子，雖然人都會變，可是他（她）的本質一定還在，你只需要換個方式溝通。

誰也不要試圖去改變對方，首先要改變的應該是自己。在你改變的時候，絕對不要說：「我為了你改變這麼多，你為什麼還要這樣對我？」因為對於你的付出、你的改變，對方一定會感受得到。我以前總覺得委屈，心想：「我為了你改變這麼多，你居然還要罵我、還要嫌我？」不明白到底問題出在哪，明明是在學習順從對方，為什麼還是一肚子委屈？

後來我轉換了一下心態就想通了，我做這些事情不是為了討好他，而是因為我愛他，知道這麼做會讓他開心。付出的時候如果心裡面沒有愛，一旦沒有達到我們所期望的結果，難免會心生怨恨。而如果心裡有愛，就不會怨恨，對方只要開心就好。看到他開心，我也會開心，就這麼簡單。

煩惱與歡喜，都在我們的一念之間。你的心態是什麼樣的，所看到的世界就是什麼樣的。千萬不要覺得做這些事是受委屈，如果把立足點放在委屈上，那就不要繼續做了，因為遲早會爆發。

為什麼很多夫妻會走向決裂呢？因為他們永遠只想到自己，永遠看到的都是自己如何付出，我為什麼要遷就你？為什麼要做這些？為什麼不是你做？永遠在計較誰做得多、誰做得少。不用否認，這就是自私。有很多人計較得太多，漸漸就愛不下去了，看不到對方一個優點，眼裡全部都是他的缺點，這樣感情也就走到了盡頭。

其實婚姻和戀愛有許多不同，婚姻尤其需要經營，需要用心。夫妻之間需要建立一個雙方都感覺非常舒服的相處模式，剛開始可能會

有一段磨合期，需要花一點時間溝通、約定一些規則、不間斷地出去旅行以保有二人世界等，這樣既可以讓夫妻關係保鮮，又對家庭非常有益處。如果家庭關係比較緊張的話，這個家庭的孩子也就比較容易焦慮、焦躁，非常羞澀內向。而家庭關係比較和睦、溫馨的孩子，會很開朗，很善於與他人相處，各個方面都會發展的比較好。

所以身為父母，**我們要懂得原諒自己的伴侶，要懂得適時修復關係，這是最棒的一件事情，因為一個家庭的核心就是父母。**在這一點上，我和夏克立一直都在學習。相比起來，我需要學習的東西更多一些，我希望透過這本書可以跟大家分享我的學習體驗。因為我跟你們並沒有什麼不同，我也是第一次做母親，希望能跟大家一起成長，和我們的孩子一起成長。

演藝圈是個忙得滿天飛的圈子，我和朋友們常常互開玩笑說：「你回到家你家小孩要叫你叔叔了吧，多久沒回家了？而且你回去也認不出你的小孩了吧？」這是最悲哀的，而且真的在發生。

雖然被笑的人當時也覺得好笑，但只要回頭一想，就不禁悲從中來。這時候就會很想給予孩子一些補償，就會用彌補的心去養育、陪伴孩子，給孩子買最好、最貴的玩具，給孩子很多很多零用錢，結果往往更慘，因為你難免會心生怨氣：「我對你這麼好，為什麼還要跟我唱反調？」因為孩子並不懂得錢的價值，他們不要錢，只要父母的用心陪伴。

賺錢重不重要？給孩子更好的物質生活重不重要？很重要，可是

大人眼裡的財富、地位，在孩子眼裡一文不值。我們不要覺得自己在外面工作賺了錢，全部都拿來養育他就算完成了自己的義務，父母與孩子之間絕不僅僅是金錢的關係。**不要認為給孩子衣食無憂的生活保障就是對孩子好，更重要的是與孩子間的心靈交流。**

孩子最渴望的是與父母分享他的一切，而當父母的，卻往往忽略了孩子的內心需求。長此以往，孩子的情緒找不到發洩和化解的管道，累積到一定程度可能就會爆發，變成一種反抗情緒，給孩子和家庭帶來傷害。所以，給予孩子足夠的關注、尊重和時間，才是孩子最想要的愛。

面對孩子的不配合、不理解，我們常會說：「你現在還不懂，長大以後就會知道我對你怎麼樣，我去外面辛苦工作還不都是為了你！」真是如此嗎？別再拿孩子當藉口了，你只是不懂得平衡家庭與工作的關係而已。

有很多父母，包括我，在外奔波一天累成狗，晚上回到家完全不想講話，也希望孩子不要來打擾。可是孩子並不知道你的心情，他一天沒看到你了，滿心期待地等著你回來，有好多、好多事情想要與你分享。

所以，從此刻起，**我們要逼自己做一件事情，就是走到他旁邊親他，陪他聊天或講個故事給他聽，哪怕只有半個小時也好，一定要讓孩子睡前有一段純粹的親子時光。**這是親子關係中非常重要的部分。

　　凡是與孩子相處得好的父母，幾乎都是因為他們肯花時間陪伴孩子，比如玩遊戲、畫畫、做家事、聊天、探索大自然等。只有透過與孩子的親密接觸，才能瞭解孩子在不同年齡階段的各種心理需求。

　　陪伴是最好的家庭教育，所以父母之中一定要有一方懂得犧牲，或者輪流犧牲，帶給孩子高品質的陪伴。我跟夏克立就是輪流犧牲的，如果一直只有一人犧牲，家庭關係也不會平衡。如果家庭裡是一人主內、一人主外，那主外的人，不時也要放棄工作應酬，暫時放下自己的事情，回來看看這個家，用心去感受一下孩子的內心。如果回家的時候，孩子跟你說「叔叔好」或是「阿姨好」，你作何感想？

　　面對生活，我們心裡要有輕重之別，一定要願意放棄一些，才會有所得。夏克立就是個願意放棄的人，我雖然還不能完全做到，但是也在嘗試著去做。

　　直到現在我才終於知道，在我心裡夏天比什麼都重要，我終於敢放棄了，你們敢嗎？

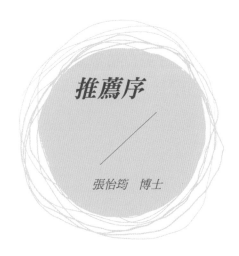

推薦序

張怡筠　博士

當孩子最愛的
EQ教練

　　得知夏天的爸媽要出書了，分享他們教育孩子的心得，我感到非常的雀躍！

　　太好了！

　　原因之一，做幼兒EQ教育的我，一直有在關注《爸爸去哪兒》節目，特別欣賞夏克立和夏天的親子互動方式，夏爸爸的許多做法，很值得其他父母參考。原因之二，我和夏天媽媽黃嘉千多年前就曾在電視節目中合作過，也一直很欣賞她，更因她有個高EQ寶貝，而由衷為她感到高興！

孩子的EQ高不高，
關鍵在父母

　　《爸爸去哪兒》中，每一對親子都有讓人欣賞之處。而小公主夏天，更是擄獲了許多觀眾的喜愛。而我認為夏天非常幸運，有一對懂得做EQ教育的父母。

　　這，真是太難得了！

　　每個父母都希望自己的孩子能快樂成功，卻不一定知道該做些什麼，才能確保孩子未來真的快樂成功。而心理學上研究發現，EQ影響孩子的一生。EQ高，不但自己容易快樂，對學習、人際關係，以及未來工作成就都有著關鍵影響力。我自己從一九九六年開始研究EQ，也做了多年的兒童EQ教育，平時不論在電視節目上或大型演講中，我一直提醒大家，在家庭教育中，父母最重要的角色是孩子的「EQ教練」，幫助孩子培養EQ能力，例如自信、同理心、憤怒管理能力、自制力、衝突管理能力等。

　　而在這方面，夏天的父母都是非常稱職的「EQ教練」，他們在

節目中表現出來的一些教育方式，其中有幾點特別突出，讓人激賞，很值得大家參考。

第一，善於和孩子溝通。

節目一開始，父親和孩子被關在一個小房間內等待。在什麼玩具都沒有的情況下，有的父親看手機，有的枯坐無語，而夏天爸爸和夏天有說有笑，親子溝通極佳。夏克立自己說，他花許多時間陪夏天，和孩子說話。真好！懂得和孩子溝通，是他們親子關係裡面最營養的元素之一。

很多父母覺得，陪伴孩子就是要和孩子一起玩玩具，或一起看電視，沒有這些媒介，就失去親子互動的橋梁而手足無措。夏克立的做法說明了另一種狀態：只要我跟孩子在一起就好。我覺得這才是最成功的親子教育——不需要任何工具，兩個人就能愉快相處。這代表這段親子關係的本質很好。

第二，關注並接納孩子的情緒。

發現孩子有負面情緒時，一般父母最常見的做法，就是對孩子大喊：「你有什麼好生氣的？你有什麼好難過的？……不准哭、不准鬧了……再鬧我就收拾你……」而夏克立卻有截然不同的做法，他很關心孩子的心情，會溫柔地對夏天說：「我知道妳不開心……」他關心孩子的情緒，並懂得接納，這麼做會讓孩子感受到愛，也是EQ教育的基礎。許多父母都忽略了，其實孩子的情緒是溝通的方式之一，被

忽視是最糟的EQ教育，孩子以後就會不易覺察並在意自己及他人的情緒。

第三，溫和而堅定地教孩子規矩。

有一期節目裡，夏天因為沒有說到做到，被老爸處罰了。夏克立溫和地說出懲罰原因，然後要夏天接受懲罰到旁邊站著。要一個人在鏡頭前當眾被處罰，假如平時的EQ教養不佳，孩子沒有自信，就會很容易因此覺得自己好糟糕、難受哭鬧。

然而，我們看到夏天小公主不哭不鬧，欣然接受。在罰站時，諾一來問原因，夏天很平靜地說：「我在罰站呢。」夏天的反應說明了，夏爸爸平時不但愛孩子，也很重視教孩子，有規則有立場，如果孩子沒做對，也會給予懲罰（但不打不罵，而是用暫停冷靜法，要孩子冷靜思考）。真是幼兒教育的教科書做法，非常用心的老爸！耶耶！此處值得有掌聲！

我聽過一些父母說，如果自己不打不罵用暫停法，孩子是不會聽話的。仔細一聊，往往是因為他們並沒有很認真地堅持執行，父母出爾反爾，當然效果不佳。

許多父母對「教規矩」不拿手，孩子做錯事，不是狠狠打罵，就是忽視溺愛。其實溺愛是對孩子最大的傷害，因為父母放棄了教育孩子的機會，剝奪了孩子成長的權利。而打罵更是最傷害孩子自信的做法，非常不可取。夏爸爸的做法很值得參考，當父母教育得當時，孩子內心有很多的愛與自信，既學到了正確做法，也不會影響自信。

第四，培養孩子的同理心。

夏爸爸很重視孩子的同理心教育，節目中有一幕讓我印象深刻。按照規則，夏天、軒軒和大俊這三個孩子裡面，必須有一個孩子跟他老爸接受懲罰，留在沙灘上住很破的帳篷。最後，軒軒在老爸鄒市明的鼓勵下，有點委屈地說：「我住吧。」於是夏天拿到了獎勵，很開心地跑回來對爸爸大喊：「好棒啊！」此時，夏克立的反應讓我覺得相當佩服，他對女兒說：「我們不要太高興，軒軒沒有拿到獎勵而正難過呢。」

哇！這個爸爸從小就在教孩子怎麼樣去關心、留意別人的情緒，培養同理心。孩子在自己高興的時候，也不忘記去體會別人的感受。他告訴夏天：「軒軒剛剛挺身而出，就等於幫了我們一個大忙，因此我們才能住很棒的房子、吃好吃的東西。」

我的觀察心得是，許多父母都忽視了培養孩子的同理心，所以孩子總是以自我為中心，這樣的人不受歡迎，長大後成了心理學家口中的「巨嬰」──外表像大人，但內心仍是個嬰兒。所以，夏天爸爸在這部分的教育方法，非常值得父母們學習參考。

如何培養像夏天一樣的小公主？

　　幾乎所有小女孩都有公主夢。

　　事實上，是因為許多爸媽都有公主夢，希望自己能培養出一個小公主。

　　然而，並不是穿著蓬蓬裙、戴著小皇冠，就能成為小公主。絕大部分的父母都沒有找到鑰匙幫助孩子成為真正的公主。但夏天的爸爸媽媽卻做到了！所以大家都說，夏天是個沒有公主病的小公主。

　　黃嘉千告訴我，從小所有人看到夏天都會說：「妳好漂亮、好可愛。」可是她不希望女兒從小就把美麗視為自己最重要的優點來看待。所以從夏天三歲多開始，她常和女兒一起閱讀一本書──《最美的禮物》，裡面有奧黛麗・赫本說過的幾句話：「真正的漂亮不在於服飾、珠寶或是髮型，而在於我們能否關懷別人、用熱情擁抱生命，以及用自信面對世界……」

　　她不厭其煩地念這本書給夏天聽，可見這對父母非常清楚地知

道，內心比外表更重要。這也是他們家家教成功的原因，因為這對父母能夠關注到孩子的心理發展，關注到孩子的EQ成長。

我發現有許多女孩因為外表漂亮，反而影響了自己的內心成長。因為所有人都說「妳好漂亮啊」，她就會覺得，僅憑這一點就可以讓別人喜歡自己，根本就不用做別的。我覺得夏天的爸媽做了一個非常棒的示範：一個女孩最大的自信應該來自內心。

這不禁讓我想到我認識的一個八〇後女孩，從小到大她都很漂亮，給人一種清澈、乾淨、有靈性的感覺（我第一眼看到她就在心中驚嘆，原來文藝小說裡面的女主角真有其人）。

她非常的有教養，是個讓人衷心喜歡的女孩。因為外表，以前還曾被大導演拉去做演員，只不過爸爸媽媽沒有同意。她的爸媽都是讀書人，她說，從小別人都誇她漂亮，但她的爸媽從不表揚她的外表，而是時常表揚她的思想。從小就跟她說：「我覺得妳剛剛講的話很有道理，我覺得妳是一個很有想法的女孩。」

這個女孩絕對有當公主的本錢，卻沒有公主病。相信夏天長大，一定也是如此有教養、有內涵的「真公主」。

所以，如果家裡有一個漂亮女兒，請常常稱讚她的思想，而非外表吧！別讓女孩只以自己的外表為榮，更別讓她因為美麗而變得一輩子膚淺。

最好的教育，是幫助孩子成為最精采的自己

　　夏克立在節目中的出現，也引起了一些中西家庭教育不同的討論。如果要做一些分析，我個人的觀察心得是，**西方的父母大多數認為，教育孩子是為了幫助孩子成為他自己，成為有能力獨立的人。**所以他們從孩子出生的第一天開始，就把孩子當成另外一個獨立個體來看待，會著重培養孩子的內在能力。因為他們知道，十八歲以後這個孩子就要獨立靠自己了，必須讓他們有能力獨自面對這個世界。

　　而東方比較多的父母，則是把孩子當成自己生命的延續。子女就是父母的一部分，所以他們培養孩子的時候會想，要盡我所能給我的孩子最好的一切，讓他去開創屬於「我們」的未來。因此東方的父母親會特別在意孩子的外在表現，如果孩子的學習不好，上的學校不好，這不好那不好，父母就會認為是他們的失敗，是他們沒有能力為孩子安排美好的一生，因而容易產生壓力與過度焦慮。

　　我曾經參加過一位朋友孩子的百日宴。我到現場的時候，小寶貝正閉著眼睛在睡覺，模樣非常可愛。孩子的媽媽就跟我說：「張博士啊，我都想好了，我們正在裝修一間房子，過一年就搬過去住，這樣他就可以念××幼稚園了；然後要念小學的時候，我們會搬到另外一所房子，讓他去念××小學；初中念××中學；高中念××中學；大學要念復旦……」我看著懷裡這個小寶貝，他才活了一百天，可是他的父母卻把他未來的一百年都規劃好了，還沒問他自己，他此生有什麼理想。

最理想的親子關係──讓彼此都幸福

　　我覺得這兩種不同的教育理念和文化背景有關，本身沒有優劣勝負之分。但是，如果從幸福的角度來看，哪一種親子關係比較容易讓彼此都幸福，可能就容易有答案了。

　　幸福親子關係是什麼概念？就是這個親子關係讓彼此都輕鬆、都開心。

　　為什麼許多父母親會覺得自己很辛苦？就是因為他們希望孩子樣樣都好，很在乎孩子外在的表現，有時候卻忽視了對孩子內在能力的培養。

　　不同的教育邏輯，關注的焦點不同，問出的問題不同，培養出來的孩子能力也不同，更重要的是，老爸老媽辛苦的程度差別很大。培養出來的孩子有能力，父母就會比較輕鬆，因為孩子將來可以用這些能力面對、解決很多問題。就好像打電動時，背包裡有裝備一樣，這個孩子背包裡的裝備越多，他接下來的人生旅程就會越輕鬆。

　　但是有些爸媽在意的是，如何讓這個關卡變得簡單，讓孩子避免碰到很難的關卡，這個孩子的背包裡面沒有任何裝備，所以父母只好辛苦地天天帶路，一旦遇到什麼挑戰，還得一馬當先幫孩子擋掉。

女生也可以打拳

教育的本質，是讓孩子有幸福能力

　　我演講的時候經常講一個故事：有一個九歲的男孩來參加我們的EQ夏令營，有一次他數學沒考好，他媽媽就買了一大堆練習題給他做，天天罵他：「你怎麼考那麼差！」有一天，男孩在寫數學練習題的時候，抬起頭來，淚流滿面地問媽媽：「妳為什麼把我生下來？就是為了讓我來考試的嗎？我這輩子就是為了考試而生的嗎？」

　　他把媽媽問傻了。第二天這位媽媽跟我說：「我真的覺得很慚愧，我從來沒有想過這個問題，我把孩子帶到這個世界上的目的是什麼？」

　　好問題！每個父母都應該先想清楚這個問題。

　　心理學家們有個答案，值得父母參考。

　　幸福，是生命的終極目標。所以把孩子帶來這個世界，是來體驗並累積幸福感的。讓他感受這個世界的精采，成就他獨特精采的人生。

　　因而父母值得想的問題是，我的孩子是什麼樣的人？他希望擁有什麼樣的人生？做什麼事情會讓他開心？他這輩子的使命是什麼？我要怎麼做才能幫助他、成就他自己？

　　這個問題一想清楚，就會有截然不同的角度來看待親子關係及家庭教育。

　　謝謝夏天和她的爸媽參與節目，讓我們看到精采的EQ家庭教育可以如何落實。相信這本書的出版，會讓更多讀者從中受益，有機會再一次思考，該如何和孩子溝通、如何建立良好的親子關係。

　　更重要的是，如何幫助孩子找到幸福力，做最精采的自己，而不枉此生。

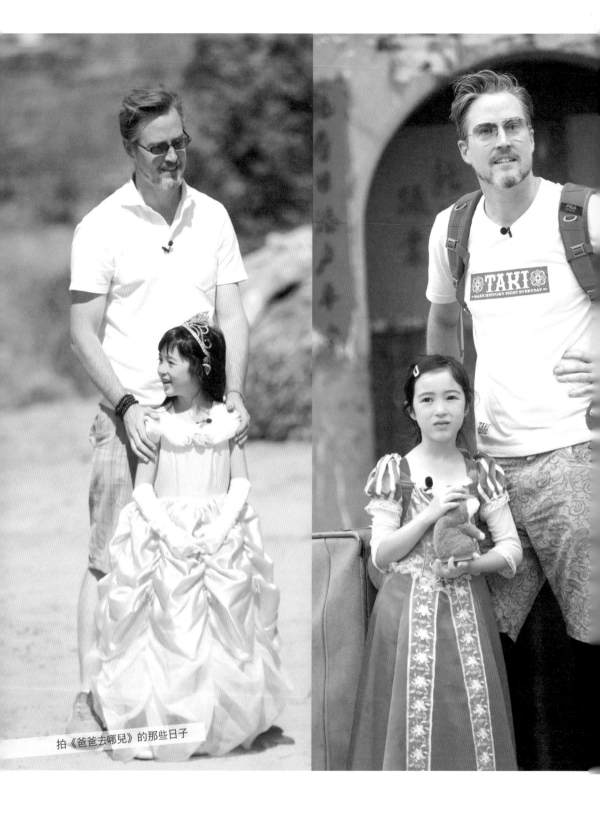

拍《爸爸去哪兒》的那些日子

Daddy

1
第一章

小公主成長全紀錄
——陪你長成夏天的樣子

A Princess
By My Side

我要當爸爸了！

夏克立

　　嘉千三十六歲才懷上夏天，在剛懷孕的前三個月裡一直出血，我們都很怕小孩子會沒了，因為嘉千的身體狀況不太好，之前就有過這樣的情況。醫生跟她說：「妳最好躺在床上，不要做任何事情。」所以她那時候每天躺在床上休養安胎，一直到第四個月，狀況才穩定下來。

　　懷孕七個月時，嘉千在加拿大的家中突然暈倒了。那時我在其他地方工作，得到消息之後，著實嚇得不輕。嘉千的醫生跟我說：「為了避免這種情況再發生，需要家人一直陪同，尤其是在洗澡的時候，一定要有人陪著。」所以我趕緊飛到她身邊，她每次洗澡，我就坐在旁邊等。

　　為了當一個合格的爸爸，我開始瘋狂地看各種懷孕及育兒的DVD

和書籍，例如孕期五個月的時候寶寶會怎麼樣、六個月時會怎樣，七個月的時候寶寶應該成長到什麼階段等。

　　為了讓寶寶能夠平安地在媽媽肚子裡待到出生，我還特意換了車。我們以前的車是跑車，路面稍有不平，車子就會比較顛簸，她都感覺得到，所以我花了一個星期去試車。我專門找了一條路況很糟糕的路，每一輛都開過去看有沒有顛簸感，能感覺到顛簸的都不買，後來終於找到了一輛開在路上沒有顛簸感的車，我就立刻買了下來。

　　整個孕期嘉千都非常辛苦，所以，我也能理解為什麼她現在會對夏天抱有這麼高的期望和控制欲，因為懷胎十月實在是太不容易了，更何況她還是剖腹產。

　　寶寶的預產期原定在十一月底或十二月初，因為夏天在嘉千肚子裡臍帶繞頸三週，醫生建議我們進行剖腹產。我和嘉千討論後，決定以我媽媽的生日作為寶寶的誕生日。手術那當天，嘉千非常緊張，我不放心讓她孤軍奮戰，所以也跟著進了產房。

　　進產房後，嘉千一直很緊張，她問我：「還沒有開始嗎？我聽到很多聲音。」我告訴她，那是醫生和護士在準備工具。然後醫生進來了。已經開始手術的時候，嘉千又問我：「是不是開始了？我感覺到肚子裡有東西在動。」為了安撫她的情緒，我說：「不是，他們在準備產床。」其實那一刻我已經看到有血冒出來了。

　　寶寶被拿出來以後，醫生問嘉千：「要不要看妳的小孩？」她才知道已經生了。醫生又問我：「爸爸要不要來看一下？」我試圖站起來，

可是前一晚本來就沒睡好，加上生產的場面血淋淋的，所以站起來的時候，眼前一黑，差點昏倒。護士們見狀趕緊扶我坐下。

嘉千這時突然想到了什麼，問護士說：「我的小孩子有沒有像外國人？」我覺得這個問題很奇怪，後來才反應過來，因為女兒是混血寶寶，所以她擔心她的相貌會很奇怪。

很多人在微博上經常看到我在曬娃，就問我：「夏天剛出生的時候，你一定高興死了吧？」其實那時候我並沒有很興奮，我也不知道為什麼，可能我還沒有進入「爸爸」這個角色。所以嘉千總是問我，為什麼我感受不到你當爸爸的那種興奮與激動？

要知道，媽媽從得知懷孕的那一刻開始，就會把所有的注意力都放在孩子身上，每天都感覺得到孩子在身體裡面成長，所以他們之間的心理距離很近。可是爸爸往往是在孩子出生好幾個月以後，才能體會到做爸爸的感覺，才會徹底明白自己的角色產生了改變。

那一天，我正在餵夏天喝奶，她看著我的眼睛，好像認得我。那一瞬間，我覺得這可能就是爸爸的感覺吧！其實她那個時候才三個月大，不可能知道我是她爸爸。看著她一天天的長大，我漸漸發現她的容貌越來越像我，我的眉毛超級長，她的眉毛也超級長。我心裡想著：「嗯，這就是我的女兒。」

新手奶爸成長史

夏克立

夏天是二〇〇九年十二月二日出生的。

夏天剛從醫院回到家裡的第一週，我每天晚上都沒辦法睡覺，會不時地起來去看她是不是還在呼吸。其實她睡得好好的，但是她只要一動都不動，我就會緊張地去查看她有沒有問題，有時候還故意觸碰她一下，看看她有沒有反應，看到她伸伸胳膊或者打個哈欠，我才能真正放下心來。

中國的傳統觀念認為，做月子的時候媽媽不能出門，怕被風吹。但我完全不信這一套，經常會帶嘉千去外面散步。我媽媽是護士，她告訴

我，晚上要幫夏天洗澡，餵她喝奶，然後再
哄她睡覺，這樣她就可以一覺睡到第二天上
午九點。可是我岳母說不行，晚上不能洗
澡，可能是東方的傳統觀念吧，他們覺得晚
上比較冷，小孩子可能會感冒，所以都是白
天幫她洗澡。

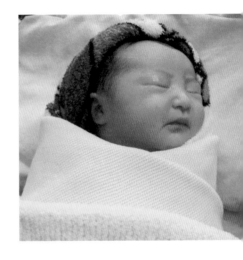

　　但我還是按照我媽媽說的來做，夏天真
的一覺就會睡到第二天上午九點，因為她晚
上洗了澡之後，血液循環會變得很好，奶就
會喝得很香又很多，吃得飽飽的就很容易入
睡。有時候她凌晨四點會醒來，起來餵了
她，她就會接著繼續睡。

　　夏天第一次游泳是在她三個月大的時
候，在峇里島的游泳池。我們把她丟進游泳
池中，等到她玩累了，再把她撈上來。東方
許多父母會覺得害怕或擔心，而不敢嘗試，
但是我就比較放得開。夏天現在在水裡面就
像一條小魚一樣，在水中感覺非常舒服、自
在。我們在上海的飯店裡，她每次游泳都可
以游很久，在水下面憋氣的時間也很長，這
都有賴於我們從小對她的訓練。

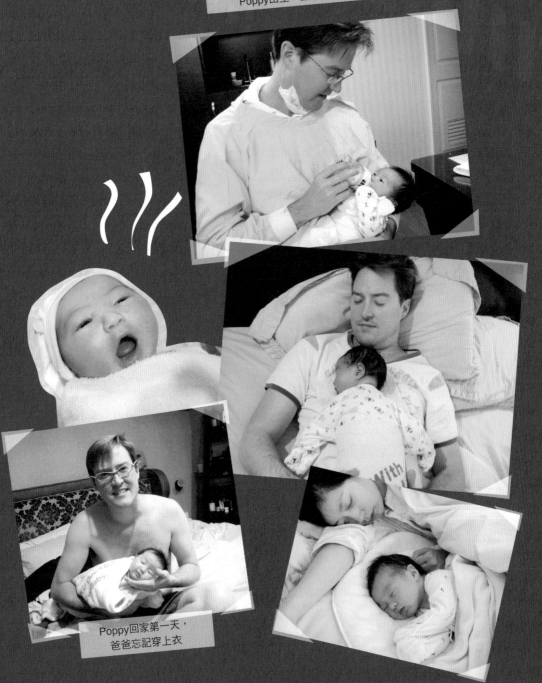

Poppy出生，全家住在月子中心

Poppy回家第一天，
爸爸忘記穿上衣

在峇里島

快三個月大，盡情游泳吧！

第一個聖誕節在加拿大度過

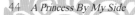

終於修練成
無敵奶爸

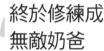

夏克立

　　夏天出生以後，基本上都是我在照顧她，幫她洗澡、幫她換尿布，包括餵奶也是我在做。因為嘉千那時候奶水太多了，白天總是脹得很難受，沒有辦法餵夏天。雖然她餵奶的時候非常痛，但我們在育兒書上看到，母乳是寶寶成長最自然、最安全、最完整的天然食物，它含有寶寶成長所需的所有營養和抗體，尤其是母乳中DHA（二十二碳六烯酸，俗稱腦黃金）的含量很高，這對寶寶腦神經的發育是十分有幫助的。寶寶依偎在媽媽的懷中，既能滿足進食的願望，同時也能獲得安撫，媽媽的氣味、體溫、心跳、呼吸等，都可以幫寶寶建立最初的安全感，同時還可促進寶寶的智力發育。所以每天無論如何，嘉千在晚上睡覺前都會親自

餵夏天一次，其他時間都是她擠奶，我來餵。

　　我在餵夏天的時候，有時候會抱著她，唱歌給她聽。那個時候夏天的眼睛圓滾滾的，她就一邊看著我的眼睛，一邊喝奶，我心裡想：「我女兒怎麼可以這麼可愛！」

　　我很喜歡幫夏天洗澡，夏天在一歲半之前，都是我幫她洗的。第一次幫她洗澡的時候，她好小啊，身體非常、非常軟，皮膚十分嬌嫩。幫嬰兒洗澡是很講求技巧的，幸好我們在醫院的時候，護士教了我，我還錄了影片回家跟著影片學。不過，我們家的影片及照片裡我出現得比較少，為什麼呢？因為我通常是那個拍影片或拍照片的人。

　　夏天在兩歲之前都沒有什麼頭髮，當時我快著急死了，因為這個事情我還特意去醫院向醫生諮詢。醫生告訴我，這不算什麼問題，寶寶在生長發育特別快的時候，營養只能供給她心臟和身體的其他部分，就供不到頭髮了，所以才會出現這種情況，再長大一點就會好了。果然，長到三歲的時候，夏天的頭髮就長得非常茂密了。

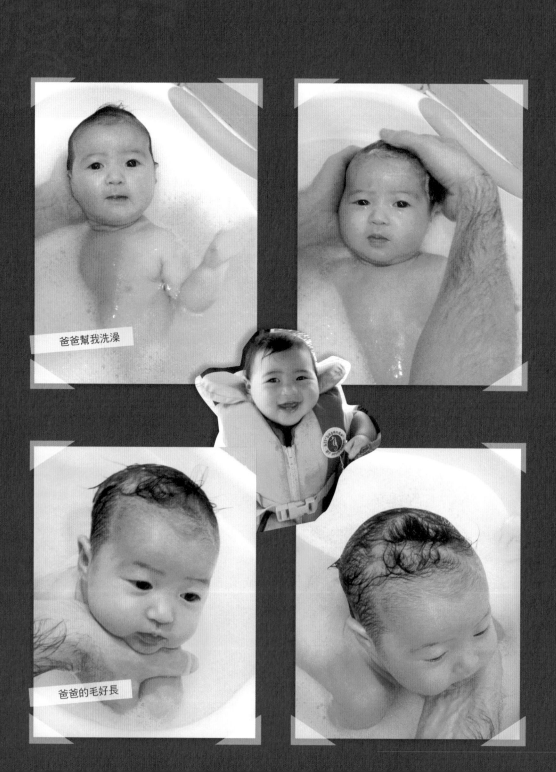

爸爸幫我洗澡

爸爸的毛好長

每天都有
古典音樂和睡前故事

夏克立

　　夏天小時候，我經常播放古典音樂給她聽。晚上睡覺前，我會先幫她洗個澡、餵個奶，然後開始抱著她，唱歌給她聽，她聽著聽著就安心的睡著了。

　　她睡著以後，我還會放古典音樂，只不過音量會調低很多。育兒專家說，小孩子睡覺的時候多聽古典音樂會變得比較聰明。因為孩子雖然睡著了，但大腦並沒有完全休息，有些神經細胞還在工作，它們對外界的聲音資訊還有接受能力，所以，在睡眠中還可以學習。

　　我自己對此有深深的體會。我在法國讀大學的時候，課業很忙，沒有時間去學希臘文，可是我打算去那邊旅行，怎麼辦呢？我就買了希臘

文的錄音帶，睡覺的時候放來聽，往往聽著聽著就睡著了，可是我都聽進去了，有的時候還會做希臘文的夢，跟人家講希臘文，然後夢裡面有人會教我一些單字，醒來後如果我忘記是什麼意思，就會去查字典，這樣就會記住了。這種方法稱為「睡眠記憶法」。不過，這種方法不宜長期使用，因為大腦會太累。

除了聽古典音樂，我也會讀書給她聽。夏天不太會說話的時候，她對一切事物都很好奇，都想放在嘴裡嚐嚐是什麼味道，常常把書放在嘴裡咬。所以，那時候我們會選擇硬殼的圖畫書，每一頁都是撕不爛的。

現在書店裡給小孩子看的書籍分類越來越細，〇到三歲看什麼、三到六歲看什麼，都是不一樣的，不同年齡階段有不同的故事書。從夏天一歲半到現在，睡覺前我們都會念書給她聽。我念英文書給她聽，嘉千念中文書給她聽，有時候白天也會念。

原本我以為所有父母都是這樣做的，問過別人之後才發現，大多數父母並沒有這樣做，我覺得很可惜。我小的時候，也有二十幾本繪本，每天都很期望有一個固定的時間能跟爸爸媽媽在一起，他們會坐在床上念一本書，或者討論一下今天發生的事情，那種感覺很溫馨。

有一次，夏天不肯吃晚飯，嘉千就告訴她：「好，妳今天不乖，不吃晚飯，那今天晚上就不念書給妳聽了。」雖然我不太讚同，但我們早就有約定，不能在孩子面前說不一樣的規定。於是事後我跟嘉千商量：「今天OK，我們遵守約定，但是以後可不可以不要用這個來威脅她

呢？妳把點心拿走或者罰站都OK，但是親子讀書的時間是我們一家三口很寶貴、很美好的時光，不能因為她不乖就不做。」

這就好比媽媽對孩子說：「今天你做了不乖的事情，所以媽媽不愛你了或是媽媽很不開心，你怎麼可以這樣子，我沒有你這樣的小孩！」這種話父母再生氣都不能說，會對孩子造成很大的傷害。親子閱讀是一種愛的表現，睡覺前父母念書給孩子聽，也是父母責任感的展現。這種感覺會很美妙，也會讓孩子更有安全感。

現在夏天已經認識很多字了，晚上睡覺前，變成她念書給我聽了。

第一天上幼稚園，我們超嗨

黃嘉千

　　夏天第一天上幼稚園的時候，我們兩個人是抱著很新奇的心情送她去的。因為不知道她到了那裡會是什麼樣子，我們很期待也覺得很刺激，就像是要去一個陌生的地方探險一樣，完全不像有些父母那樣，有生離死別的感覺。

　　我們送她去的時候，一進門她就看到有很多小朋友已經在那裡等，她就自己默默地走了進去，不時地回頭看我們一眼。然後老師就走過來說：「家長離開吧！」我們兩個走出去的那一刻，瞬間覺得解放了，太開心了，現在沒有小孩在身邊，想幹嘛就幹嘛。

　　中午也沒接到幼稚園老師打來的電話，我們夫妻倆開心地玩了一

天，那感覺真好。我們從來不擔心她會怎麼樣，雖然夏天那時候還小，只有兩歲，還穿著尿布呢！下午放學我們去接她，就跟往常一樣，並沒有表示出今天有多特別。

她從幼稚園回來的第二天，我們也當什麼事情都沒發生過，該做什麼就做什麼。到了第三天、第四天，她才開始產生一些變化。當我們把車開到學校附近的時候，她會突然大哭。不過，又過了幾天，她就徹底適應了，沒事了。這可能與我們平常對她的訓練有關。夏天從小就被我們帶出國，到處飛到處跑。兩個月大去了峇里島、四個月大去了泰國、八個月大去了加拿大，每年都會有很多旅行安排。我們就是想讓她學會隨遇而安，雖然我們不會在一個固定的地方睡覺，可是我們會在固定的時間做固定的事情。比方說，她下午一點鐘要睡覺，那麼無論我們在哪，這個時間一定會讓她睡覺。我們一直是這樣訓練她的，所以出去跟朋友吃飯的時候，她從不會突然說：「媽咪我想要睡覺，我們回去好不好？」從來沒有。吃飯的時候就好好吃，如果到一點了就抱起來，放到旁邊讓她睡，然後我們繼續吃飯，環境再吵也無所謂。因為我們從小就很少讓她在一個安靜的地方睡覺，有時候開著電視，或者有大人在講話，她已經習慣了，無論怎樣她都睡得著。

話又說回來，第一天上幼稚園每個小孩的反應都不一樣，父母的反應也會影響到他們的舉動，很多小孩子會失控，號啕大哭，爸爸媽媽也會痛哭流涕，一副生離死別的樣子。我們那時候心裡想：「奇怪，我們

怎麼沒有這種感覺？」送孩子進去以後，別的父母都在哭，而我們竟然沒哭，是不是我們有問題？不但沒哭，我們還很開心，因為帶孩子真的太累了，以後有人幫忙管了。

　　雖然樂得輕鬆自在，但我們也會想知道她在幼稚園的表現，所以會經常跟老師保持聯絡。

核對安全密碼！
教孩子學習保護自己

夏克立&黃嘉千

孩子的好奇心很重，很多時候不知道危險，父母一個不留意就可能
會發生危險的事情。

許多父母都看過一些新聞，像是哪個小朋友在街上走失了，不小心
掉進下水道了，或是爬樹摔斷了胳膊、玩火把屋子燒掉，或者不小心用
利器戳瞎了自己的眼睛……悲慘的事情經常發生，所以我們從小就要教
孩子一些安全知識，讓他們平安健康地長大。

外出時的潛在危險更多。從夏天兩、三歲的時候，我們就教她學習
遵守交通規則，不要在馬路上停留和玩耍，過馬路時一定要走行人專用
道，還告訴她該怎麼看紅綠燈。在人多的地方，萬一與我們走散了，她

應該向誰求助。

其實她上的幼稚園裡，老師也會教這些。有一天她興沖沖地回來告訴我：「媽咪，我們今天在學校老師教了地震，老師說，地震的時候我們要躲在一個硬的東西旁邊。」我說：「老師教得真好，下次如果發生地震的時候妳要救我。」她說：「會的，我會。」

學校也會教他們火災的時候應該怎麼辦，她說：「老師叫我去拿水，然後用溼毛巾摀住自己的鼻子……」當她講對的時候，我會跟她說：「太厲害了，那妳要救我，媽咪都不知道這些呢。」

有時候父母就要故意當一個笨蛋，當她講對的時候，我們要故意裝傻地說：「妳怎麼都知道？」

孩子如果說：「你是大人啊，你怎麼不知道？」

「我真的都不知道，你怎麼那麼厲害？」

聽到父母這麼說，孩子就會很驕傲，覺得自己比爸爸媽媽還厲害，以後就會更有求知欲。

每天放學的時候，我們基本上都會親自去接她，偶爾是她的乾爹、乾媽去接。為了防止夏天被陌生人接走或者被騙，我們家有一個安全密碼，而且隔一段時間就會更換。

如果不是我們去接，夏天就會跟對方說：「那我們來核對一下安全密碼吧！」來接她的人如果不知道我們的安全密碼（例如：《爸爸去哪兒》中的安全密碼，現在公開了，我們就會再改），頓時就傻眼了，夏天也絕對不會跟他走。

　　學校的管理也很嚴格，開學的時候，我們就會在學校的表格上寫好，除了我們還有誰會來接孩子，除了這個人，其他人一律不能進學校。

　　這個人來接的時候，老師還會跟父母確認一下。就算我們提前交代過，今天放學誰誰誰會來接夏天，學校還是會打電話給我們，讓我們跟這個人通個電話，再讓他把夏天帶走，所以完全沒有安全上的顧慮。

讓孩子有大哭發洩的時間

黃嘉千

夏天的一天是怎麼度過的呢？

每天早晨，一切都很自然，不需要我們催促，夏天八點準時起床，先去上廁所，然後刷牙洗臉、穿好衣服，最後坐下來吃早餐，八點四十分出門去學校。下午放學的時候，我們去接她之前都會準備一些水果，她一上車就會問：「水果呢？」到家後，她進門的第一件事就是去洗手，洗完手之後開始玩她的玩具。

我們家每天晚上六點多吃晚飯，吃飯的時候我們會聊聊天。當我們比較忙的時候，為了給她一點安慰，會讓她一個人看著電視吃飯，我知道這是非常不好的，所以只能偶爾為之，實在沒有辦法陪她的時候才會

這麼做。吃完晚飯，大概八點，夏天開始洗澡，八點半上床，然後我會花一個小時的時間講故事給她聽。

我們絕對不是很完美的父母，但我們瞭解夏天，知道她會遵守我們的約定，吃完飯就會乖乖去寫作業或者做勞作，不會因為沉迷電視而影響學習。平日裡，一旦我跟她說某件事不行的時候，她也不會對我亂發脾氣、跟我鬧。如果你的孩子做不到這樣，那還是不要給她這種機會。

此外，我們也應該給孩子一點點發脾氣、任性的權利，比如有的時候她累過頭了或者情緒失控，我會讓她瘋。有幾次我聽到她在廁所裡面大哭，這時我不會衝進去說：「妳不可以這樣。」我會讓她完全發洩出來，因為孩子平常被各種管教約束著，心裡一定會累積壓力，所以我會給她一點發洩的時間，慢慢地，她自己就會平靜下來。

而我也很享受這段時間，因為我知道她在釋放壓力，能夠釋放出來才會輕鬆。所以我會平靜地看著她，有時候還會笑出來。

孩子往往不懂得怎麼發洩，但父母也不能總是讓他們用這種方式發洩。夏天在短時間內有這種狀況是OK的，但如果經常這樣那就不行了，我會對她說：「夏天，妳冷靜一下，先聽媽媽說。」我會幫助她發現自己的內心，找出那個癥結，然後面對它、解決它。

有時候我也會難過

生病有高級享受，
不怕吃藥了！

黃嘉千

小孩子生病是常有的事情，大多數孩子都很享受生病的時間，因為不僅可以不用去上學，還可以做很多平時不被允許做的事，吃平時不被允許吃的食物。夏天也一樣，她生病的時候從來不鬧，因為她知道她將有很高級的享受。

比如說她發燒了，她會先問我：「我生病了嗎？」她心裡其實已經有了一種期待，如果她真的生病了，我會說：「妳今天不能去學校了，會傳染給其他小朋友。」然後我們會把她帶到客房去，因為客房的床是沙發床，可以移動。我們就把那張床布置好讓她躺在上面，蓋好棉被。天氣如果有點熱，再開一點小冷氣，然後把一盤切好的水果擺在她旁

邊，把電視打開，問她：「夏天，妳今天想看什麼電視？」平常不能看的節目，現在她都能看了。所以生病對她來講，是再開心不過的一件事。

除了這些心理上的撫慰，給她吃藥的時候她也很配合。也許有很多孩子吃藥的過程讓父母無比痛苦，因為孩子會有五花八門的抗拒行為。夏天之前也會抗拒，可是自她懂事之後，我們就開始跟她講：「夏天，如果妳不吃藥，就要像這樣一直發燒；如果妳吃了藥，就可以跟妳的小夥伴出去玩了。妳選一個。」

給她吃的藥一點都不苦，因為我會給她加一點糖漿，我說：「妳先聞聞它是什麼味道，草莓、葡萄還是橘子？這麼好聞，我都想喝了！」小孩子之所以抗拒吃藥，就是因為一提到吃藥，父母下意識地會擺出一副很嚴肅的模樣，弄得孩子也覺得緊張，就會抗拒吃藥了。我們從小就讓她先聞糖漿的味道，不會跟她講那些是藥。等她吃完飯之後，我會告訴她，這是飯後的點心，所以夏天現在對吃藥這件事沒有一點點恐懼。

在我們家，如果夏天發了燒，也不一定馬上會帶她去看醫生，我們會先觀察她的狀況。如果帶她去看醫生，最主要的原因也不是為了拿藥，我們都覺得孩子生病不一定要吃藥。我們只是想要透過醫生的診斷，瞭解她的症狀，會不會引發什麼嚴重的問題。一旦醫生說沒有，她就是一般感冒，那我們就放心了，就會帶她回家。

只有一次是真的很嚴重，那是二〇一〇年，當時夏天才一歲多，我們全家都得了H1N1（A型流感病毒），被隔離在醫院裡。先是夏克立中

了招，他剛一確診，我就趕緊請我媽媽把夏天帶走，免得她也被傳染。當天半夜，我也開始發燒，第二天一早我一個人去了醫院，因為我的燒已經退了一點，所以醫生說可以不用住院。但是送走夏天還是晚了一步，她到我媽媽那邊的當天下午，我哥就打來電話說，夏天發燒了，緊急送她去醫院，醫生聽說夏天的爸爸病得那麼嚴重之後，還沒有檢查就直接讓她住院，並且隔離起來。

就這樣，我們一家三口無一倖免，全都被隔離了，而且夏天還住在另外一家醫院，我們將有七天不能見面。小孩子得了H1N1是最可怕的，況且她還那麼小！那時候電視上幾乎每天都有H1N1患者死亡的新聞，不是老人死，就是小孩死。我總是忍不住胡思亂想：夏天萬一有個三長兩短該怎麼辦？她會不會死？我好害怕她會離開我，日夜揪著一顆心。

我哥知道我有多擔心夏天，所以通電話的時候都不敢跟我講實話，只說：「我們在照顧她，妳就放心養病吧！她是發燒了，但已經打了退燒針，再加上吃了藥，燒已經退了。」其實那時候夏天依然發著高燒。

一般的感冒發燒，有藥可以控制，可是那時候還沒有研製出H1N1的特效藥，我們一家三口可說是生死未卜，所以感到特別恐懼。這件事，也讓我明白了生命與親情的可貴，事後我也常常講給夏天聽，讓她知道爸爸媽媽有多愛她。

從分床睡開始
讓她獨立

夏克立

　　有一期節目裡，夏天晚上和媽媽通電話，嘉千說：「媽媽在工作，妳乖啊！」夏天就很懂事地說：「媽媽再見。」然後把電話掛了。很多網友都說，夏天太乖了，知道媽媽去工作，就自己擦擦眼淚，說媽媽再見，而不像別的孩子一樣纏著媽媽，哭喊著要媽媽回來陪她。其實這都是需要父母好好教的，東方有些父母認為，很早就給孩子獨立的房間、獨立的床，那是外國人的做法，所以小孩子從小就跟父母一起睡，睡到很大還不分床，事事依賴父母，有些人到了十八歲還無法獨立。

　　為了迎接小夏天的到來，我幫她準備了一個可愛的小房間。在加拿大，小孩子從出生起就有自己的房間，也要一直睡在自己的房間裡。但

在她很小的時候，為了便於夜裡照顧，我們把她的小床放在我們的房間裡，放在我們的床旁邊。因為常看到新聞報導，某個新手爸爸或媽媽晚上睡覺翻身時把小孩子壓傷了，所以我們不睡在同一張床上。這對媽媽也比較好，因為她晚上起來餵奶的時候很方便，我每天晚上也會起來看她是不是OK。

長大之後，夏天晚上想跟我們睡是不被允許的，她要睡自己的床。有時候她也會半夜偷偷溜到我們的床上，想要跟我們一起睡。時間還早的話，她玩一會兒就得回到她的床上。如果我們知道她很累，偶爾也會允許她睡一個晚上，早上在她醒來之前把她抱回自己的房間，然後跟她說：「妳好棒啊，自己睡一張床。」

我覺得，孩子兩歲後就可以嘗試分房間，最晚四歲之前，因為孩子越大，分房睡的過程就越困難。很多父母都覺得，讓孩子單獨睡覺比斷奶還要困難。有的孩子一聽分開睡都會大鬧一場，有的十多歲還和父母睡在一起。但是無論如何，和孩子分床睡的好處還是很多，也是必須執行的。

兒童教育專家曾說，父母與孩子分房睡有許多優點，從孩子出生的時候就分床睡，有助於培養孩子對獨立空間的感受力和培養獨立意識。孩子與父母分房睡，也可避免父母將呼吸道中的病菌傳染給孩子。

與孩子分房睡之前，可以給孩子一段接受期和適應期，要提前告訴孩子分房間睡覺的時間，比如在他幾歲生日那天，還可以與孩子一起布置他的房間。

真正開始執行的時候，孩子難免會哭鬧
一番，大多數的孩子不願意和父母分床睡，
是因為害怕失去父母的愛。父母必須表示理
解並安慰孩子，但仍然要堅持立場，讓孩子
在自己的房間睡覺。如果不讓孩子學習獨自
睡覺，長期和父母睡在一起，很容易對父母
產生過度依賴。

公主在忙

中西文化
第一次交鋒

夏克立

　　為了讓夏天與爺爺奶奶增進感情，我們每年都會帶著夏天回我的故鄉——加拿大，讓她與爺爺奶奶相處一兩個月。我也希望讓夏天知道，她的父親是在怎樣的環境中成長，西方文化與東方文化的差異在哪，讓她長大之後有更多的人生選擇。

　　在加拿大的文化中，小孩子非常自由。比如說，我小時候喜歡跟父母一起睡，晚上常常跑到他們的房間，可是他們覺得我應該睡在自己的房間，於是就把房門鎖上。我進不去怎麼辦呢？只好睡在他們門外的地板上。我現在還有一張這樣的照片，那是我父母夜裡起床喝水時拍的，當時我抱著一個布娃娃在地板上睡得正酣呢！

　　但對夏天，他們就完全狠不下心了，簡直要把她寵上天。如果夏天做錯了一件事情，我就會特意跟父母說，不可以這樣寵溺她。像是嘉千跟夏天曾做過約定，三歲之前不能吃糖果、不能吃冰淇淋。不吃糖果完全OK，吃多了牙齒會壞掉，可是炎炎夏日如果能吃到香甜的冰淇淋，是多美妙的事情啊！再加上加拿大的冰淇淋是用新鮮牛奶做的，相對比較健康，說是世界上最好吃的冰淇淋也不為過，嘉千也超愛。所以在吃冰淇淋這件事情上，我心裡就不怎麼希望嚴格約束夏天了。

　　那是夏天兩歲半的時候，我帶她回加拿大，嘉千沒有一起回去。我父親把冰淇淋一拿出來，所有的小朋友都歡呼雀躍。其他人立即開心地吃了起來，只有夏天沒動，一直用渴望的眼神盯著我，希望得到我的首肯。

　　我爸看了就覺得很奇怪，問夏天：「想不想吃冰淇淋？」夏天沒有回答，還是眼巴巴地看著我。

　　我說：「爸爸，嘉千不允許她吃任何甜的東西，水果除外，三歲以後才可以吃。」

　　我爸就說：「怎麼會有這樣的規定啊？我就要給我的寶貝孫女吃冰淇淋！」

　　我一看父親那麼堅決，只好另尋救兵，希望能得到母親的支持。

　　但我母親也不能理解，說：「我們是爺爺奶奶，我們都老了，才不管你們那些規定，我們就是要讓小孩子知道，如果不想遵守你們的規定可以來找我們。」

　　儘管我知道，如果我堅決不同意，他們肯定不會讓她吃。但我自己

也無法理解那個規定，夏天已經兩歲半了，還沒有吃過冰淇淋，多麼的
不可思議啊！所以我就打電話給嘉千，說我要給夏天吃冰淇淋。當時我
沒有說是我父母的主意，嘉千事後才知道真相。得到允許的那一刻，夏
天開心得都要跳起來了。她突然發現，爺爺奶奶就是她的英雄。

　　至今我還記得，那天吃的冰淇淋是櫻桃味的。

　　也許，如果我們長期住在一起，我父母這樣做，會讓我和嘉千之前
的努力前功盡棄，兩代人教育理念上的差異，說不定還會演變成家庭衝
突。可是我父母非常明白事理，他們也知道小孩子不應該常吃冰淇淋，
所以不會給她吃很多，他們只是覺得，兩歲半還沒有吃過冰淇淋的孩子
太可憐了而已。而且讓小孩子覺得與父母相處時，有其他的申訴管道，
也是不錯的。

　　另外，如果小孩子做錯了一件事情，父母讓他罰站，這個時候爺爺
奶奶看了多數都會很心疼，可是我們家不會這樣，兩家人的父母都會覺
得這是對的。我父母很好玩，我們小時候如果沒有做到規定的事情通常
不會被罰站，但晚飯後的點心會消失。加拿大人吃完飯會吃點餅乾或冰
淇淋，如果這天做了什麼不乖的事，你的點心就沒有了，這就是一種懲
罰。如果繼續不聽話，明天的點心也沒有了，所以我就不能跟父母吵
架。如今，我也把父母這一套教育方法用在夏天身上。

回加拿大陪家人

Granddaddy & Grandmama

外公外婆和父母
統一戰線

黃嘉千

　　我跟夏克立都是不拘小節的人,我們倆都不會特意去記對方的生日、結婚紀念日什麼的,可能有的夫妻、戀人會很在意這個,覺得連紀念日都記不住是不是不愛我,我跟夏克立完全不會有這樣的煩惱。

　　我覺得這樣滿好的,反正大家都記不住,你也不要因為我記不住就覺得我不愛你,我也不會因為你記不住而覺得你不愛我,這樣大家就都不用計較了嘛。

　　夏克立是加拿大人,所以我們的婚禮辦了兩場。到底哪天算是我們的結婚紀念日呢?還真的想不起來。我們大概是在二○○七年認識的(我也不敢確定,哈哈),只記得我們的結婚紀念日好像都是在從加拿大

飛回臺灣的航班上過的。我覺得我父母對我的教育很好，他們會告訴我什麼是對的，什麼是錯的，讓我在做決定的時候，腦子裡有一根弦，知道應該在一定的範圍內行事。他們給予我很大的自由，從不要求學習成績一定要多好，但也不是完全放任，不是今天我想學跳舞就去學跳舞，過幾天又想學鋼琴了就改學鋼琴。

他們覺得，如果決定去學，就要堅持到底，就要學到好。所以如果我跟他們表明態度，說想學什麼，他們會反覆跟我確認。比如說我跟他們說想學鋼琴，他們就會不停地問我：「妳確定？」一旦我說「確定」，他們就會說：「那就去學吧！」

他們對我的學習成績沒有太多要求，那時候，考試成績是要拿回家給父母簽字的，如果我考得很爛，我爸爸就會跟我面對面地坐著，看著我的眼睛問：「妳盡力了嗎？」如果我說「盡力了」，他就會說：「那很好啊。」可是我真的盡力了嗎？捫心自問過後，我就會產生許多愧疚。我的父母就是這樣讓我自己來認識、判斷事情，自己做決定。

鋼琴就是我自己要學的，一直堅持學了很多年（具體是多少年，我記得不確切了，可能比八年長）。因為我媽媽會彈鋼琴，所以在我很小的時候就開始教我，讓我有一點這方面的基礎。

進娛樂圈，也是我自己的決定。他們一開始也很反對，因為他們對娛樂圈不瞭解，覺得娛樂圈亂七八糟的，尤其女孩子進去不好。但是我決定了，他們也沒有阻攔，而且我向他們證明了，自己會做得很好。我的父母不會對子女提要求，但是他們要你對自己的人生負責。

比起學習成績，我父母更看重藝術方面的教育，這有助於孩子能更完整地感受世界的美好。而且學會鋼琴、學會跳舞、畫畫……說不定可以在日後成為孩子謀生的技能。

雖然我會彈鋼琴，但不會去教自己的小孩，不管讓她去學什麼，我都更願意讓專業人士來教。我最多只是在家的時候看看教學效果，她彈的時候，在旁邊看看她彈的調對不對，僅此而已。

其實我教孩子還蠻嚴厲的，有時候我父母看不過去了，會說：「哎，妳剛剛會不會太嚴格了？」但他們不會干涉我教小孩。這一點，我的父母做得很好，雖然會私下說我，但從不當著孩子的面跟我唱反調。這樣，就能和我在教育夏天的意見、方向上保持一致。要不然，外公外婆一個意見、爺爺奶奶一個意見，小孩子就不知道該聽誰的，誰的意見對自己最有利，就聽誰的，而身為父母的我們還不好阻止。

[寫給爺爺奶奶、外公外婆]

爺爺奶奶、外公外婆，這篇請您一定要看。

這一篇，是這本書裡教育理念是否能執行的關鍵。

現在大部分的爸爸媽媽都有工作，沒有空照顧寶寶，孩子一生下來就丟給爺爺奶奶或外公外婆，而爺爺奶奶或外公外婆對待孩子的方式，通常就一個字——寵。這往往不是愛他，而是害他，但問題並不出在祖輩身上，而在父母身上。

爺爺奶奶一定會寵孩子的，他們已經管了兒女一輩子，為什麼還要管兒女的孩子？為什麼不能寵？他們就是要寵，管教的事交給做父母的。可是有時候爺爺奶奶也應該要放手，要尊重父母的教育，不能插手，夏天的爺爺奶奶就做得很好，奶奶很懂得放手。

如果跟長輩住在一起，就要事先溝通好，可以跟他們說：「我覺得我們愛孩子的方式不太一樣，我知道你們愛孩子，我也愛我的孩子，可是我們要改變愛孩子的方式，平常我不在你可以寵，可是我在的時候請讓我來教，因為只有這個時間我才能跟孩子有交集，在我教孩子、管孩子的時候，你們先不要干涉，因為我有我的方式。當我在處罰孩子的時候，你們千萬不要出聲，你們可以離開現場或是不看，一旦你們加以干涉，我的教育就失敗了。」

　　一定要很明確地與長輩達成共識，他們可能不一定能理解，想說：「我們是愛他，你覺得我們會害他嗎？」我會說：「我知道你們寵他，我不在的時候可以寵他，那是你們的權利，孩子也可以享受。可是我在的時候，會用我的方式來教育他，也請你們尊重我，讓這個孩子跟別的孩子不一樣，讓他更順利地成長。」

　　溝通好之後，父母自己要狠下心來，我想請大家都做狠心的父母。狠心不是為了害他，是為了要愛他。

夏克立、黃嘉千

首選校風，再看老師

黃嘉千

夏天六歲了，即將要上小學，同樣面臨著選擇學校的問題。

我們很享受她去上學的時間，這樣我們就可以有好幾個小時的自由時間，做點自己喜歡做的事。她上學的時間是從上午九點開始到下午五點結束。我們負責輪流接送她，有時候早上要送她的時候，我跟夏克立會躺在床上，用手肘互相推對方說：「哎，今天輪到你了。」

如果輪到的那個人臨時有事無法接夏天放學，我們會提前溝通，互相協調時間，確保有一個人能去接夏天。我們不會把夏天托給同一個社區的人，也不會去找外公外婆，盡可能是我們親自來接送她。

　　二〇一六年，她就要面臨上小學的問題了。我們一直覺得，學校的整體風氣比較重要，校風正，教出來的孩子也差不到哪去。如果學校整體素質相當，那就要進一步考察老師。選老師也尤其重要，所以在孩子上學前，我們也準備花一些時間與老師溝通，大家彼此互相瞭解，這樣更有利於夏天快速融入新的學習環境。孩子爸爸還會關注學校的課程安排，會選擇有更多運動類課程的學校。我們不是很在意孩子的考試成績，更在意的是孩子學到了哪些知識，我們希望在學校學習能成為她生活中的一個樂趣。

　　在小學階段，我只會給夏天一個大的方向，只要她在大方向上不出錯就行了。我會告訴她一個大的規則，在這個大的規則內，她可以隨便亂玩。我還會告訴她，什麼是對的，什麼是錯的，讓她心中有一個判斷標準，將來她遇到事情做決定的時候，腦中就會有這個原生家庭留給她的概念，不會去做錯的事情、對自己不好的事情。心裡會有一把衡量的尺規，知道哪些底線不可以碰，什麼事情不能做。在國內讀完小學之後，再考慮把她送到加拿大念中學，體會不一樣的教育環境。畢竟爸爸是加拿大人，回到爸爸的家鄉求學，走爸爸曾經走過的路，也是另一種文化的傳承。

NIQUE

—GIRL—

2
第二章

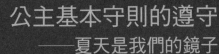

公主基本守則的遵守
——夏天是我們的鏡子

A Princess
By My Side

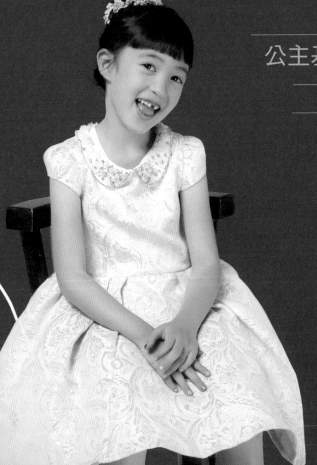

Poppy，
請遵守「公主守則」

學習分享

黃嘉千

　　聽著童話故事長大的女孩子，都有一個公主夢。但我不希望自己的女兒在人們心中是個驕傲的公主，只希望她在別人心中是個小孩，沒有那麼多的光環。當然，把女兒當成「公主」來培養，用「公主守則」來教育，是希望夏天能有優雅的舉止、善良的內心、優良的品格，這樣才是一位真正的「公主」。

　　但我不喜歡《冰雪奇緣》裡面的愛莎公主，她不算是優良的公主典範，只因為長得比較漂亮，衣服非常華麗，所以大家才喜歡她。可是她的性情沒有安娜那麼好，安娜雖然衣著樸素，但是她非常樂觀、非常善良，我覺得她才是最美麗的公主。我們一直這麼教育夏天，希望她不要

過於注重外在的東西，要善於發現別人內在的閃光點，她自己也要做到。

夏天如果有好幾個月都很乖，我們就會去買一條漂亮的公主裙送給她。在電視裡，大家看到夏天有很多漂亮的公主裙，例如她在《爸爸去哪兒》一出場穿的那件黃色裙子。我們不說是自己買來送給她的，會說：「因為妳最近很乖，所以貝兒公主（《美女與野獸》的主角）送妳一個禮物。」

也有朋友會擔心，這樣做的話夏天將來如果分不清現實和虛構怎麼辦呢？這個我從不擔心，因為小孩子到了一定年紀自然就會明白一切，知道什麼是真、什麼是假。這樣孩子就有一個美好的童年了，有故事、有期待。

我們告訴她，這世界上有真正的公主，例如：英國、丹麥、希臘、挪威等國都有公主，她們每天都穿得美美的，她們的工作就是面帶微笑，與國民拍照，讓大家開心，她們也會去醫院探望生病的小孩，會做一些公益、慈善活動，幫窮苦的人們募款，她們懂得如何分享。這些都不是假的，是真實的事情。

近年來，因為大家結婚的時間越來越晚，所以孩子也相對生得較少，許多家庭都只有獨生子女，長輩比較容易寵溺，所以這些孩子不太懂得分享。我們非常清楚獨生子女容易有這個毛病，也很想避免，所以我們也堅定地認為，分享是最好的方式，總想讓她學會。如果是別人的東西，那要看人家願不願意分享；如果是她的東西，我還是希望她可以和大家分享。現在她拿到糖果，就會打開袋子分給所有的小朋友。

夏克立總說不要逼她，我也明白不逼她是對的，但我每次還是忍不住要試試看，她願不願意分享，只是會把最後的決定權交給她。

公主守則小叮嚀

真正的公主擁有優雅的舉止、善良的內心、優良的品格，
並且懂得如何分享與幫助他人，善於發現他人內在的閃光點。

如果別人這樣說妳，
妳難不難過？

學習同理

黃嘉千

　　《最美的禮物》是我最喜歡的一本兒童繪本，作者是臺灣兒童文學作家郝廣才，這本書是借奧黛麗‧赫本之口，告訴孩子們「心靈美麗」的祕密不在於服飾、珠寶或是髮型，而在於我們能否關懷別人，自信面對世界。唯有發自內心的純真和善良，才能不斷使心靈受惠。

　　赫本應該說是最有資格來談這個主題的女性，因為她不只外表美麗，她的內心也極具魅力，所以當我看到這本書的時候，毫不猶豫就買下來，這正是我要講給夏天聽的故事，正是她最需要瞭解的東西。她一直想做個公主，但不是穿上公主裙就是公主，還要有一顆善良、溫柔、美麗的心。

　　這本書裡面的插圖也很美。我選書通常會先看內容，我不會看這本書是誰寫的，這不重要，重要的是寫的內容是什麼，我可不可以有所收穫。我在選擇的過程當中，在教她的時候，最重要的目的就是讓她學會愛。她想要解決任何一件事情就只能用愛，懂得愛、學會愛，才有能力去原諒；因為愛，才不會去批評別人，才能看到自己的不足。在孩子的教育中，愛的教育應該是自始至終都要貫穿的。

　　我最在意的是對她的價值觀的培養，一件東西的好壞是由我們的觀念來決定，不是看到別人穿什麼好看，我們也一定要有。我自己就不常買名牌，因為我覺得有很多不是名牌的東西也很棒。除此之外，我覺得一個女孩要心地善良，更要有同情心。

　　我們還希望她懂得尊重別人的審美觀，可能這樣穿，妳覺得醜，但穿的那個人認為是好看的。不要隨便批評別人，這樣說不定還可以發現另外一種美。也不要在背後議論別人，雖然八卦不可避免，但是不要說「誰誰誰好醜喔」，我會問她：「如果別人這樣說妳，妳難不難過？肯定會難過的對不對？所以不要做這種背後批評別人的事。妳可以給她一點小建議，那樣穿會不會好更好看？」

公主守則小叮嚀

不是穿上公主裙就是公主，真正重要的是要有一顆美麗善良的心；
學會同理心，並懂得尊重他人與你的不同。

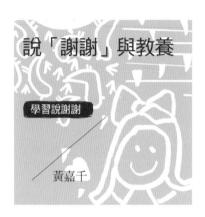

說「謝謝」與教養

學習說謝謝

黃嘉千

　　禮貌是德育的一部分，不管是日常生活中，還是在《爸爸去哪兒》第三季的錄製現場，很多人都對我們說：「夏天這個小女孩怎麼會這麼有禮貌啊？」他們都說夏天一看就是非常有教養的家庭培養出來的孩子，從她身上一眼就能看到她父母的樣子，或者說她的原生家庭的樣貌。

　　其實教小孩子禮儀、禮貌是一件非常不容易的事，孩子出生以後就是一張白紙，很容易受到環境的影響，變好或變壞。夏天也不是從小就做得這麼好，有時候我們也非常生氣，甚至會處罰她。我們為此嘗試過很多種方法，在這方面花費了很長的時間。

　　有時候別人幫忙遞給她一個東西，她接過來就走了，沒有任何表示。這時候我就忍不住要生氣：「夏天，為什麼不跟人家說謝謝？」她總是說：「我忘記了。」

　　這個時候我就會跟她解釋：「這是不能忘記的，別人拿東西給妳不是理所當然，為什麼人家要幫妳拿這個東西，妳知道嗎？第一，因為妳是小朋友，可能拿不到。第二，因為人家喜歡妳。妳要是忘記了這兩點，就辜負了人家對妳的好，以後人家就不願意對妳好了，所以妳得知道表達感謝啊。」

　　別人為什麼要幫你呢？他本來可以拿這個時間去做別的事情，別人沒有要幫助你的義務和責任，所以對於別人的幫助，一定要說「謝謝」。

　　我們應該經常心懷感激，把我們的感謝之意表達出來，我從不覺得這是矯情。有人會說：「謝那麼多幹嘛？太客氣了，沒有必要。」而我覺得，夏天明明可以自己去拿，可是對方知道她在忙，或者知道她是小孩，她做不了，所以出於好意才會幫忙的，我們當然要表示感謝，這是對人家好意的一種尊重。

　　不管哪個行業，不管對方幫你做什麼事，只要幫了我們，就應該表示感謝。就算我們去餐廳，服務生為我們服務，都要跟對方說謝謝，這是人與人之間最起碼的尊重。當然，也許那是他的分內的事，可是我們的「謝謝」既表示尊重他的工作，也是對他的一種鼓勵，人家得到我們的謝謝，也會做得更賣力，然後會做得更好。這不是很好嗎？

　　我們要站在別人的角度去想問題，謝謝的意思有很多、很多，我常

常這樣跟夏天講。我知道她理解了，她也知道該怎麼做，但她是小孩子，有時候真的會忘。其他的家長可能會說，下次記得說就好。可是我不允許她這樣，沒有下次。

我會對她說：「夏天，妳就是不能忘，它非常重要，沒有說謝謝非常沒有禮貌，我沒有見過哪個公主是這麼沒禮貌的。妳不說也可以，但妳不要當公主了，當公主太累了，要做這個、要做那個，什麼都要做。妳還要繼續當公主嗎？」

她會說：「我要當。」

我說：「Poppy，媽咪勸妳不要當，當公主太累了。」

夏天一般依然會說：「我要當。」

這時我會說：「既然選擇要繼續當公主，我就要告訴妳，公主會跟所有幫助她的人說謝謝，一次也不會忘，所以妳也要這樣做呀！」

這招對夏天屢試不爽。這在心理學上也是有根據的，我這麼說是在培養她的同理心。簡單地說，同理心就是從對方的角度出發，為他人設身處地思考問題的一種方式。她那麼想當公主，我就從公主的角度，讓她去想問題。所以，我給了她一個無法拒絕的選擇。而妳的選擇會決定妳的結果，妳的選擇會決定妳的未來，這是必然的結果，這也是我想提醒夏天的。

公主守則小叮嚀
真正的公主會從對方的角度出發來思考問題，
並且設身處地地為他人著想。

公主跟每個人
都是好朋友呢

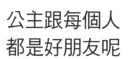

夏克立

我和嘉千參與了很多公益活動,只要是跟小孩子有關的公益活動,我們都會帶夏天去參加。如果是嘉千單獨參加的公益活動,我和夏天會在旁邊看;如果是我的公益活動,嘉千和夏天也一樣會在旁邊看。

有一個公益活動,是和一群在臺灣生活的單身外國人一起吃飯,他們都是喪偶或離婚的外國人,沒有什麼錢,還要養育孩子,活動的目的是為他們募款。主辦單位知道夏天會來,所以進門的時候給了她好多貼紙。

活動還沒有開始的時候,夏天看到很多小朋友,就問我:「為什麼有這麼多小朋友在這裡?」我告訴她:「他們都是沒有爸爸或者媽媽的

孩子。」夏天就追問：「為什麼？」我就解釋給她聽，告訴她，這些小朋友的爸爸跟媽媽沒有一起賺錢，所以他們沒有錢買貼紙。夏天那個時候還很小，她跑到那些小孩子面前，把所有的貼紙都拿出來，一個一個貼在他們身上。我與大家拍完照回去，問她：「妳的貼紙呢？」她說沒有了，全部貼在其他小朋友身上了，她知道這些小朋友沒有貼紙，所以就主動去跟他們分享。

　　其中有一個小女孩，她失去了雙手，但可以用肩膀拿筷子，夏天很喜歡這個女孩，她認為這個女孩很厲害，是她的英雄。我們每次跟她溝通什麼事情，都會說公主會做什麼，公主懂得分享，公主會對每個人微笑，那些公主不是只穿著漂亮的衣服而已，她們都會做好事，會幫助別人、愛護動物，跟每一個人都是好朋友。

　　孩子都是很講道理的，只要跟她解釋清楚一些道理之後，夏天對待其他小朋友的態度就會有所轉變，很願意主動照顧別人。

♔

公主守則小叮嚀

多嘗試主動對他人釋出善意，
將美好的事物分享給身邊每一個人。

換位思考是
訓練出來的

夏克立

有一種流行的說法，叫「別人家的孩子」，父母總覺得別人家的孩子都是那麼優秀，相較之下就覺得自己的孩子有很多缺點，於是產生各種不滿。我們沒有這種觀念，因為別人家的孩子有好的，也有不好的，如果人家真的很好，我們稱讚的時候會針對某一項具體行為，而不是從整體上否定自己的孩子。

我們不會說：「你看，那個人的小孩子比你好。」而是說：「你有沒有看到誰誰的小孩子，他好棒啊，他跟每個人說謝謝。」如果哪一天我看到夏天沒有說謝謝，我就會這麼跟她說，我只是肯定對方的某一個行為讓她受到啟發而做出改變。

　　雖然夏天被大家稱為「沒有公主病的公主」，其實她也不是完美的，她也會做錯事。例如，在一個班級裡，她很喜歡小朋友A，卻不願意跟小朋友B玩，這種情況不太好，需要父母慢慢教。

　　也不是說孩子不能有自己的喜好與選擇，她喜歡和誰在一起也勉強不來，但是她的表達方式需要委婉一些，人家興沖沖地跑過來跟她玩，她卻直接拒絕人家說：「我不要跟你玩，我要跟他玩。」對方當然會很不開心。我要教她學會換位思考。所以，事後我對她說：「如果換作是妳，妳會有什麼感受？妳也會很難過對不對？所以B是不是會很難過？」教會她換位思考，比教她如何與某一個人相處更重要。

　　但是，只教一次沒有用，第一次跟她講的時候她聽得懂，可是當事情發生時她往往會忘記，需要一直訓練她，直到她真的做到了才行。

　　夏天現在還沒有完全做到，嘉千為了讓她做到，有一次打電話給夏天說：「最近貝兒公主和Elsa公主在商量，想看看妳最近乖不乖，再來決定要不要送妳禮物，要不要讓妳繼續當公主。她們聽說妳只跟小朋友A玩，不跟其他的小朋友玩，如果妳再這樣下去的話，公主裙就會全部不見。」

　　夏天覺得這件事情非常嚴重，她快嚇死了。其實她以前沒有不跟別的小孩子玩，這是第一次。夏天回到家以後，知道自己不能當公主了，傷心得大哭起來，承認自己做錯了，要改掉這個毛病。

　　我覺得，孩子的很多美德都需要父母用心去訓練，否則，孩子是不會注意的。他高興和誰玩就玩，家長如果不管，並且鼓勵他這麼做，孩

子就不會理解他人的感受。很多人說夏天是一個天使,其實她並不是天使,她是被教育出來的。

> 👑
> **公主守則小叮嚀**
> 公主性格不是天生的。
> 孩子的優良習慣不是三兩天就能養成,需要父母的耐心訓練與鼓勵。

拿出來的玩具，
得自己收回去

黃嘉千

　　模仿是孩子的一種天性，更是孩子的一種學習。透過模仿大人吃飯，孩子也學會了自己吃飯；透過模仿大人掃地，孩子也開始幫父母做一些簡單的家事；透過學習大人說話，孩子也會變得越來越有禮貌。雖然他們根本幫不上什麼忙，但我們不能吝於誇獎孩子，要經常表揚他們的熱情，告訴他：「孩子你真棒！」同時也會要求他不要亂丟垃圾。

　　許多父母覺得，只有這一個孩子，就要疼愛他，捨不得讓他做太多事，實際上這種觀念很不利於孩子的獨立自主。我們很早就讓夏天學習做家事，也允許她在廚房中幫忙。她自己也喜歡做，有時候會跟著爸爸一起做餅乾。

我們家都是夏克立做飯，他比較會做，也很喜歡看美食節目，經常是一邊看一邊研究。夏天剛剛會抓東西的時候，夏克立榨果汁的時候，就會讓她自己抓來放。對她來講，做這些事就是一種玩耍。她聽到榨汁機的聲音會嚇一跳，有時候也會害怕，可是還是很喜歡。做餅乾的時候，夏克立會讓她來幫忙攪拌，她剛開始把東西拿過去就弄得亂七八糟，到處都是麵粉，廚房裡像被搶劫過一樣。但是慢慢地，她會模仿夏克立的樣子揉麵團，然後把麵團從攪拌盆裡拿出來，放在烤盤上面壓。一直到現在，她依然喜歡跟夏克立一起待在廚房裡。

但我們在煮飯的時候，絕對不准她過來，因為有火，這對她來說是非常危險的，我會跟她解釋原因。我說：「這裡有火，不能過來，妳剛剛已經把要做的都做完了，現在請回房間去玩。」開飯前，我會問她：「玩具收好了沒？」

她有一個壞習慣，把一個玩具拿出來，然後又拿另外一個。我會跟她說：「NO，妳要玩別的是不是？那把這個先收好，再玩那個，因為兩個東西不相關。」我會告訴她，沒有人會幫她收，她必須自己收，所以她玩過一個就立刻收起來，再去玩另外一個。

經過這麼久的訓練，夏天現在已經很會收拾了，有時候她也會撒嬌說：「媽咪妳可以幫我嗎？」我說：「我可以幫妳，可是我要看妳怎麼收。」她都知道擺放位置的。等她整理得差不多了，我才會幫忙整理，不會一開始就幫她。她以後就會知道，要拿多少玩具出來，就得收回去多少，就不會把玩具亂丟了。

　　其實讓孩子做家事的好處非常多，孩子的自理能力、動手能力、手腦協調能力都會得到鍛鍊和提升，而且學會做家事，多掌握一些生活技能，也會養成喜歡勞動的好習慣，體會到父母持家的辛苦，進而懂得關心、體貼父母。孩子長大以後離開家，也會具備一定的生活自理能力，父母也不必再操心了。

　　我們為什麼總是不讓孩子去做各種家事呢？最大的原因就是嫌孩子做得慢，覺得他們一定做不好，會越幫越忙。慢慢地，孩子就會認為做家事與自己無關，即使看到醬油瓶倒了，也不會將它扶起來。小孩子的確做得很慢，為了節省時間，我們總是忍不住動手幫他們。可是對孩子真的不能這樣，我們要留出足夠的時間跟他耗，就是要訓練他們自己去做，去收自己的玩具。父母可以當指揮官，指揮小孩做事也很好玩，幹嘛要把自己累得半死？

　　我們現在就是這樣，我們會告訴自己：不要把自己累得半死，既然是她拿出來的玩具，就得讓她親自收回去。事實上，每個孩子天生都是勤勞的，都是願意做家事的，但如果我們在孩子願意做家事的年紀沒有培養他們的好習慣，等到他們不再喜歡參與做家事時，再來抱怨他們懶惰，就為時已晚。說得直接一點，孩子的懶惰都是父母養成的。

3

第三章

公主優良品格的養成
——陪你成長為獨一無二的夏天

A Princess
By My Side

媽咪，他為什麼
不喜歡我？

學習體諒

黃嘉千

　　夏天第一年上學，實在太小，回來之後問她今天在幼稚園學到什麼，她什麼都講不出。到了第二年，她就可以講清楚了。放學的時候，一上車我就會問她今天在學校做了什麼，最開心的是什麼，她會繪聲繪色地說給我聽。有時候她急著想看電視，就會說「我忘了」，這時我會說：「不行，今天妳要先跟我聊天，我們說好的，上車第一件事就是聊妳在學校做了什麼。」

　　剛開始她會懶得聊，在學校待了一天已經很累了，所以不想複述一遍學校發生的事情。我會說：「可是媽咪想知道，可以跟我說嗎？不然媽咪都不知道妳在學校做了什麼，還得打電話問老師。」她一聽要問老

師，就開始跟我說，今天在學校裡玩了什麼遊戲、唱了什麼歌、跳了什麼舞。接下來我會問：「妳感到最快樂的事是什麼？」她說，就是跟誰誰一起玩扮家家酒，然後誰是爸爸、誰是媽媽什麼的。

有時候她也會講，誰誰誰不喜歡她。

我就問：「然後呢？」

「我好難過，他為什麼不喜歡我，為什麼不跟我玩？」

「沒關係，搞不好是他今天心情不好，他昨天不是跟妳玩了嗎？」

「他今天突然就說他不喜歡我。」

「他可能心情不好，那妳要去安慰他，說你心情是不是不好，為什麼會這樣。」

我通常不會教她說：「那妳就不要理他。」我不會講這些，因為我覺得這樣會讓孩子越來越自我，不懂得從對方的角度思考問題。我會跟她說：「對方肯定是心情不好，有時候妳不是也一樣？心情不好的時候，不是也說過不理我，對不對？所以妳要這麼想，他可能在家做了不好的事情，被媽媽罵了；或者他遇到了什麼很煩心的事情，再或者是妳做錯了什麼事情讓他不開心。這些妳都要問人家啊！」

我會一直這樣不斷地引導她，所以夏天現在遇到這種情況的時候，會跟對方說：「如果是因為我你才不開心，那我跟你說對不起，你可以原諒我嗎？」我覺得這樣才是正確的為人處世的態度。

其實孩子的世界是非常單純無邪的，我們教他什麼他們就以為是什麼。有時候，他們第一反應就是：既然你不喜歡我，不跟我玩，那我也

不喜歡你，不理你了。這個回答是從哪來的？經常是模仿來的，或許是模仿父母，或模仿電視中的人物。

　　有一次，夏天說了一句很不好的話，具體內容我不太記得了。我就看著她說：「夏天，這句話怎麼來的？妳跟誰學的？這不是媽咪教妳的。」然後她默默地說：「沒有，我看電視學的。」我說：「OK，是哪一部片子？以後不准再看了。媽媽讓妳看電視是希望妳能學習好的事情，不是讓妳學不好的事，以後那部片子不准看了，妳可以看其他的。」孩子很多話說出口的時候，其實是無意識的，但經過這番談話之後，她就知道這句話是不能講的，下次就會引以為戒了。

彩虹棉花糖全部被我吃完了！

我把爸爸的指甲塗得很美！

有時候我也會累

妳是真的
原諒她了嗎？

學習面對傷害

黃嘉千

　　像夏天這麼小的孩子，懂得什麼是原諒嗎？

　　當然不懂，可是我發現她很努力地在學習怎麼去懂。比如在學校裡，有些同學會對夏天說，她不漂亮，或者她今天的衣服穿得不好看，就會讓夏天很難過。她的同學偶爾也會跟老師打小報告說，某件不好的事情是夏天做的，可是實際上夏天並沒有做。老師瞭解真實狀況之後，就會跟那個小朋友說不可以這樣子。

　　類似這樣的事情發生後，我都會問夏天：「後來妳有原諒她嗎？」她說：「有。」我說：「妳為什麼會原諒她？」她說：「因為我覺得我沒事了。」就是說，在她心裡面，這件事已經過去了，對方也跟她道過

歉了。

可是，我往往會繼續追問：「妳是真的原諒她，還是因為她跟妳道了歉，妳不得不原諒她？」我們大人就經常這樣，明明還在生氣，可是只要對方跟自己說了對不起，我們就忍不住心軟；或者因為對方跟我們道了歉，基於禮貌，我們不得不原諒他。

這與真正的原諒是很不一樣的。在這兩種情況下，我們的感受不同，對方接收到的資訊也是不同的。所以我就問她：「對方道歉之後，妳還會一直把這件事放在心裡嗎？這件事情對妳有什麼影響嗎？」我會跟她認真討論這件事。

我的朋友們都說：「妳是瘋了嗎？幹嘛跟小孩子說這些？」我說，只有這樣她才會真正瞭解什麼是原諒。如果原諒你時我沒事了，可是當你轉身走後，我還是很難過，這就不是真的原諒，因為我受傷了，你的對不起對我來講只是OK而已，並未治癒我的傷痛。真正的原諒是這件事情不見了，永遠過去了，我再次看到你還和原來一樣。其實這是很難、很難做到的，唯有擁有很多很多愛的人才能做到，所以我要給她滿滿的愛。

這是人的軟肋，當下看似過去了，但在某個機緣巧合之下，碰觸到這個點又會想起來，就仿佛埋在心底深處的一個創傷。怎麼去療這個傷呢？很多人都說，時間可以治癒一切傷痛，可是我能跟我的孩子講這麼深嗎？這麼講的話，她根本無法理解。但我現在必須透過這些小事，教會她原諒和面對傷害。因為我覺得這對她來講很重要，這是她人生必經的過程。

　　很多父母都會擔心：自己的孩子心地太善良，長大後會吃虧。我就不這麼想，家長完全沒必要擔心孩子長大後吃不吃虧這件事，我們要擔心的是，他們能否勇敢地去面對傷害。

　　因為孩子們在人生的過程中，一定會受幾次傷，比如愛情的傷、友情的傷，我們無法保證孩子永遠不受傷，所以教會他們受傷之後怎麼癒合才是最最重要的事。現在，我就是要她受傷，這樣她長大後才懂得怎麼去面對她的傷。終有一天她會有自己的生活，受到別人的傷、受到感情的傷，我也能夠放心了，我知道她會勇敢面對。

　　而吃不吃虧並不重要，我唯一擔心的就是將來她怎麼去面對那些欺負她的人。我希望她能夠很樂觀、很正面地去面對那些人。雖然她現在還沒遇到這種事，可是我必須未雨綢繆，得先教會她原諒。

　　我之所以要教她這些事情，就是因為要讓她明白，她長大以後，受傷的時候，學會怎麼去原諒別人。受傷的當下一定會難過，可是每個人自癒的時間長短不同，別人可能需要花一年時間來療傷，而夏天大概一個月或者一個星期就好了。不是因為她不在意，而是因為她懂得原諒，她可以療愈她自己。

　　我要讓夏天在身心都健康、豐富的狀況下去面對她的未來，而不是把她保護起來，不讓她接觸到任何傷害。唯有教會孩子懂得原諒、勇於面對傷害，才是真正的保護。

我就愛她
本來的樣子

／

黃嘉千

　　因為我是大剌剌的個性，不會在意細節。就像現在我就不知道夏天身高體重是多少。雖然家裡的牆壁上有記錄，但我不會去記這個。也不會每天讓她上體重計去稱她的體重，好知道她的體重變化。因為小孩變化太快了。我跟夏克立現在都頭疼的一件事是給夏天買鞋，因為小孩子不像我們大人，一切都已經成形，他們每天都在成長。我們不知道買幾號的鞋合適，就買好幾雙不同尺吋的鞋放在家裡，等她能穿。

　　我當然也會對夏天有期待，我希望她將來能當一名醫生。醫生能夠救死扶傷，對我來說是一份很神聖的職業，但也要看她自己想做什麼。我不會因為想要她當醫生，就刻意培養她往醫生這個職業走。因為那是

她自己的人生。每個人的人生都只能自己過，父母不能代替你過，老師、朋友、同學，都不可以替你過你的人生。所以要看夏天自己的選擇。

我對夏天最大的希望是心中有愛、勇敢、身心健康。

人為什麼要吃早餐、午餐、晚餐？因為人身體本身有生理時鐘，要遵守這個生理時鐘，按時吃飯，才能確保我們的身體健康。所以一定要按時吃飯、按時上床睡覺。如果到了午飯時間，她不好好吃飯，就只能餓肚子，一直餓到晚飯的時候才能吃東西。因為她現在還小，不懂得健康的重要，也不懂得對自己進行管理，但是大人知道啊，要保證她食有時，寢有時，這樣她才能身體健康。

至於長大以後怎麼樣，就是她自己的選擇，有什麼後果，她可以自己負責了。但是在她小的時候，我們大人有責任照顧好她。

她會在晚上八點鐘準時上床，九點鐘準時睡覺，我們會給她講睡前故事。現在帶在身邊給她講的是《愛你本來的樣子》。我們每個人都應該愛自己本來的樣子。因為我們每個人來到這個世界的時候都是一無所有的，這樣赤裸裸地來，什麼也沒有，但父母還是會愛我們。他們不需要你多麼功成名就，多麼富有，他們就是希望你愛你自己，因為我們從出生就什麼都沒有，所以人應該愛自己本來的樣子，不要去改變你的本來面貌。

公共場合孩子不懂禮貌，
是父母的錯

學習自制

夏克立

　　我有一個朋友，人非常好，我很喜歡跟他聊天。但是大家出去聚餐的時候都不喜歡找他，因為他對他的小孩完全束手無策，每次帶去餐廳都讓我們感覺很尷尬。

　　嘉千有一架從小使用至今的鋼琴，在我們家誰都不可以碰。可是有一次，這個孩子到我家來做客，把他的玩具放到了鋼琴上。夏天看到他的玩具在上面，趕緊告訴我，我嚇壞了，悄悄跟朋友說：「這架鋼琴我們都不能碰的，可不可以把那個玩具拿下來？」

　　朋友就對他的孩子說：「快把玩具拿下來。」可是那個孩子理都不理。朋友生氣了，就說：「好，9、8……如果數到1的話，你就完蛋

了！」結果他從9開始數到1，那個孩子不僅不為所動，還放了很多玩具在鋼琴上面。

我也很生氣，雖然我很喜歡這個朋友，但因為這個孩子的行為，我再也不會邀請他到我家了。

當然，也有些孩子平時在家表現很好，到了公共場所就變成「人來瘋」，亂跑亂跳像個沒有教養的野孩子一樣，或者無理取鬧，大聲哭喊，讓父母很難堪。通常，人們會覺得這孩子太不懂禮貌了。但是，真的是孩子沒有教養嗎？我覺得是家庭教育模式出了問題，是家長沒有建立好規則。

比如，帶孩子出門前，可以先提前跟孩子講好要去哪兒，去做什麼，到了那兒不要亂跑亂叫，也不能亂發脾氣，如果做不到我們就不去了。孩子的自制力比較差，要是在公共場所吵鬧，可以對孩子說：「你在這裡影響到別人了，爸爸覺得不好意思，所以要帶你離開。」如此一來，孩子就知道不能再吵鬧，吵鬧了就要離開，不能影響到別人。

夏天如果在公共場合哭鬧，我們就會馬上抱她出去，在外面哄她，不會讓這件事在公共場合內發生。如果孩子在餐廳哭鬧，有些大人會直接在餐廳裡喝斥孩子來制止他們，但我們會跟同桌的人說聲「不好意思」，然後馬上抱著她到餐廳外面去哄她，再不行，就帶她回家。

夏天小時候，我們真的把她從餐廳裡面帶出來過，那次她不想坐下吃飯，大喊大叫。我第一次跟她說：「妳再叫，我就把妳抓到外面去。」她還是繼續吵鬧，我在餐廳裡面跟她講123，她還是不聽，我就把她帶出去。有人還特地跑過來跟我講：「你不要對小孩子這麼兇。」

我說：「謝謝你跟我這樣講，沒關係的，我在裡面已經好好地跟她講了，她不能影響其他用餐的人。」我不會打她，只是讓她知道怕，讓她罰站而已，她還不聽的話，就帶她回家。

孩子做錯事的時候，有些家長雖然會制止，但是說的話不痛不癢：「哎呀，不許再亂跑了，再這麼吵我就揍你！」「再這樣，我們就叫警察了噢！」（警察根本就不可能來嘛。）既不告訴孩子這麼做錯在哪，也沒有具體的懲罰措施，孩子就不會把父母的話放在心上。

有一次夏天在餐廳裡面不小心把杯子打碎了，我就很生氣，跟她講：「妳知道為什麼我那麼在意這件事嗎？不是因為妳不注意，不是因為妳粗心大意，而是如果這杯水很燙怎麼辦？燙到自己沒有關係，如果傷到別人怎麼辦？妳知不知道那有多危險，我是怕燙到妳、怕妳受傷。」後來她就很注意了，再也沒發生過同樣的事情。所以只跟孩子講不能怎麼做是沒有效的，要告訴他為什麼不能做，用「為什麼」來取代「不行」。

孩子到了公共場所很興奮，所以才會大聲尖叫、奔跑嬉鬧，一次OK，可是三番兩次都是如此，就是父母的問題了。而很多時候，孩子的父母竟然可以淡定地繼續吃飯，也不管一下。這樣一來會影響到其他用餐的客人，二來服務生上菜時，萬一撞上四處奔跑的孩子，把孩子燙傷了，怎麼辦呢？

父母不管孩子可能有兩種原因：第一，他知道自己控制不了他的孩子；第二，他覺得當著這麼多人的面說孩子，孩子一哭，自己的面子保不住。這是一個很普遍的現象。我常聽到有些父母說：「回家再說，我

回家再收拾你！」可是回到家，這種情緒過去了，也不會再說什麼。

　　發生問題應該在當下就解決，如果怕把孩子罵哭了父母會丟臉，可以把小孩帶到外面去，而不是讓所有人看到你和孩子在對峙，這樣既不能解決問題，又會讓孩子更加任性。離開之後，父母再進行管教就好。

👑
公主守則小叮嚀
當孩子犯錯時，問題必須當下解決，
並請告訴孩子為什麼不能做，用「為什麼」來取代「不行」。

讓孩子
在遊戲中學習

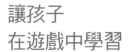

夏克立

　　為了夏天的教育，我和嘉千兩個人閱讀了許多家庭教育以及兒童心理學方面的書。我上大學時，專業是電視電影，輔修的是多媒體教育，因此後來我曾在教育部門工作過一段時間。再加上我本身就很喜歡心理學，尤其喜歡教育心理學，所以對教育孩子一直頗有幾分自信。

　　再後來，我到了臺灣發展，主持的第一檔節目就是兒童綜藝節目《奧林P客》。每次在節目開始錄製之前，小朋友們都會非常興奮，不停地追逐打鬧，很多工作人員就會像對待成年人一樣，命令他們安靜下來不要吵，可是這樣哪行得通？他們原本是高高興興來參加節目的，被嚇到之後，心情就會低落，就無法開心參與節目了。

　　那時為了工作，我想方設法讓他們乖乖聽我的話，從不用嚴厲的口吻命令他們，最後我發現，最好的方式就是玩遊戲。我跟他們說：「我們一起來玩個遊戲好不好？每個人都有10分，如果你做得好，你是最厲害的，就贏了；如果最後你分數不高，那就是輸了。不乖的話就會被扣分嘍！」小孩子都很喜歡贏的感覺，以顯示自己比別人厲害，所以立刻就安靜下來。巧妙的引導絕對比威脅更有效，改變一下溝通方式，事情就變得容易多了。

　　夏天也超喜歡玩這種遊戲，所以我常常用遊戲的方式教她做一些事情。例如吃晚餐，我會跟她說，我們現在有100秒的時間，我們在這段時間裡比賽誰吃得比較多；再例如穿衣服，小朋友穿衣服都很慢，而且穿得亂七八糟，為了準時到達幼稚園，我每天早上都要對夏天說好幾遍「快點穿衣服」，可是一點用也沒有。於是我就開始跟她玩這個遊戲，我會問她：「妳能不能在100秒內穿好衣服？」有了目標，她就能很迅速的穿好衣服，完全不需父母的催促與訓斥，因為她以為是在玩遊戲，而不是被逼迫，所以很開心也很放鬆，完成得又快又好。包括整理房間，大部分需要小孩子學習做的事情，我都用遊戲的方式讓她做。

　　在《爸爸去哪兒》節目組裡，為了讓孩子們集中在一起，我也常常跟他們玩這個遊戲。如果直接對他們說：「寶貝們，都到我這裡來，快點過來！」孩子們都拖拖拉拉的，會很浪費時間，而我就會說：「比比看，誰能最快跑到我這裡來！」他們一聽要爭第一名，就會馬上跑過來，這就是遊戲的力量。

公主守則小叮嚀
利用玩遊戲的方式引導孩子學習新的事物，
輕鬆提升孩子學習的意願。

尊重孩子
分享的意願

學習分享

黃嘉千

　　三歲前的孩子，獨佔欲強是非常普遍的。夏天在很小的時候，也不懂得分享，別的小朋友想分享她的玩具的時候，她也會不爽。

　　那時候我總會對她說：「妳玩完之後要跟人家分享。」

　　「我不要。」

　　「妳確定嗎？」

　　「我不要，因為我要玩。」

　　「OK，好，把它給我。這是我買的，我拿我的東西跟妳分享，妳卻不跟別人分享，那我就有權拿回來，妳什麼都沒了。」

　　之前我都是這麼做的，可能有些激烈吧！後來她學聰明了，她會勉

為其難地遞給別人，因為她知道如果不給，就會被我收回，她也玩不成。然後過一會兒，她會跟我說：「媽咪，我想回家。」我知道她為什麼想回家，我說：「妳是不是認為回到家這個東西就是妳一個人的了？」她不講話，我就知道被我猜中。我說：「回到家它也不是妳的，妳想什麼難道我不知道？不要試探妳的媽媽。」

那時夏天還不懂事，所以要逼她去分享，不分享就拿走，如果她肯分享，我就給她一些獎勵。慢慢地，她就會知道，原來給予後會得到更多，很自然地就會跟別人分享了。

而現在，我不再逼她去分享，我會尊重她的選擇。比如說，一個小朋友很喜歡她這個東西，可是它是夏天最愛的，夏天就可以跟我說：「媽咪，我不想給他。」

「可以呀，可以不給他，妳是主人。那告訴我，妳可以分享哪一個東西呢？」

「那個鈴鐺可以送給他。」

這樣也很好。我們不強迫她把最想要的東西給別人，因為事情如果發生在我們身上，我們自己也不會願意，何苦難為孩子？父母如果強制孩子這樣做，會讓孩子覺得自己的東西被剝奪了，即使最後給了別人，也不是心甘情願，那也不算是真正的分享。

特別是有一些東西對孩子來說有特殊的意義，為什麼一定要給出去呢？這樣一來，做出讓步的孩子不會高興，來家裡做客的小朋友也玩得不盡興，這樣的「分享」對孩子來說又有什麼益處呢？

不打不罵
也不寵壞

夏克立

　　我跟嘉千約定，對待夏天要說到做到，尤其是要懲罰她的時候。其實要做到這一點真的很不容易，也有騎虎難下的時候。有的時候，一著急，會脫口而出：「妳再這樣做，我就要打妳屁股！」可是我實在不喜歡用打的方法，一直到現在，我們都沒有打過她。

　　有的父母會說，小孩不打就管不了，但我不同意父母們沒有耐心就動手打孩子。我知道現在的學校都有規定，老師不能打小孩、不能罰站，所以學校很多小孩對老師起碼的尊重都沒有，我覺得在美國和加拿大還好，我們這裡的做法有點過頭，對小孩太好了。問題是，如果我們讓孩子太獨立、太自由散漫，又要怎麼教育他們呢？所以，我覺得還是

嚴格一點比較好。

　　很多人都說，夏克立太兇了，其實我老婆更兇。但我們彼此有約定，不要在孩子面前吵架。如果孩子發現父母有衝突，會對他的心理造成一定的傷害。我們都是人，沒有人是完美無瑕的，都會有脾氣，但我對孩子會盡可能地耐心對待。

　　我年少時第一份工作就是在公園帶小孩子玩耍，加拿大的孩子每年的六月一日到九月七日是放假的，不用上學。父母會把孩子送到附近的公園，那裡有很多東西可以玩。我們三個十六歲的少男少女要照顧五十個孩子，我們將孩子們分為三隊，紅隊、綠隊和藍隊。我是藍隊的老師，每天的工作就是下午五點帶孩子們進行球賽。十七、八歲的時候，我又到游泳池去教小朋友游泳，一直教到二十一歲。大學畢業之後又去做兒童節目，所以我的耐心是被培養出來的，很自然地就有了。

　　在夏天一天、一天長大的過程中，我們也跟著她一起在成長。現在很多媽媽都有工作要做，像嘉千就經常要去拍戲。她去拍戲的時候，就由我來照顧孩子；我去工作的時候，她就在家裡帶孩子。所以，我跟夏天在一起的時間，比跟嘉千在一起的時間還要多，我也很享受跟夏天一起玩樂的時光。

　　當年我爸爸沒有給我餵奶、換尿布和洗澡，主要是因為他在外工作很忙碌，可是他也會花很多時間跟我待在一起，花很多精力來培養我。所以我這麼做，還跟我的家庭教育有很大的關係。

4
第四章

公主個人特質的塑造
——夏天會聽我們這樣說

A Princess
By My Side

懲罰不只是
說說而已

學習反省

夏克立

我們這一代父母的教育觀念發生了改變，不再像父輩那樣常常打罵孩子了，可是不打不罵又會寵壞孩子，尤其是女孩，會有所謂的「公主病」，我不希望我的女兒有公主病。

微博上很多網友對我說，你不要對夏天那麼兇，她已經很乖了。我的確對她很嚴格，在《爸爸去哪兒》裡面，大家可能看過我讓她罰站的片段，其實我罰過她很多次，不過最後播出的時候被剪掉了很多。編導總是不解：「夏天並沒有做很糟糕的事情，你為什麼要不開心，讓她罰站呢？」我讓她罰站是因為我講了三次她都沒有照做，雖然是很小的事情，我也不是真的生氣，但我想讓她知道她做錯了。

有一次，她前面都很乖，做得很好，只是後面做了不該做的事情，我才讓她罰站。我跟她說：「別人做壞事的時候，妳不要跟著做，不能說別人做了妳就可以做，所以我要讓妳罰站。」她也明白，我讓她罰站並不是簡單身體上的懲罰，而是希望讓她懂得反省，讓她知道自己錯在哪。

而且父母只在嘴上說要罰站沒有用，要讓孩子知道做錯事一定會罰站，或者一定會有所懲罰，他們才會聽話。

我有一個朋友，他有一個四歲半的孩子。他開車時，這個孩子經常在後座上吵鬧，他總是說：「你再鬧，我就停車把你丟在路邊！」有一次，他實在無法忍受了，真的在半途停車，把孩子從安全座椅裡抱出來，放在路邊，然後自己駕車走了。過了一會兒，他覺得孩子受到教訓了才回去接。雖然當時那條路臨著河堤，沒有那麼多車，但我還是不建議家長這麼做，因為小孩子情急之下有可能會亂跑，跑到馬路中間被車撞到怎麼辦呢？不過，說到做到這一點我很贊成，否則孩子不會把你的話當真，也不會警惕，但最好不要有像這種危險性的懲罰。

當父母第一次大聲責罵或威脅孩子時，他很可能會被嚇哭，但次數多了以後，他就慢慢習慣了，不會再感到害怕。因此管教孩子要言出必行，說到做到，威脅的次數多了就沒效了。

我在餐廳裡也見過一些父母，看到孩子吵鬧就大聲威脅他：「你再這樣，我就不帶你去動物園或遊樂園了，再叫，我就帶你回家！」可是最後並不會真的這麼做，所以孩子也當威脅是耳邊風，繼續吵鬧。這是

最常見的東方式管教法，但是很遺憾，這種方法完全無效，而且越大聲效果越差。父母說到就要做到，做不到就別說。

　　大家可以看到，在節目中我常常會對夏天說123，3就是罰站的意思，小孩子認為罰站很丟臉，所以就會乖乖的。我喊了1，她就會知道下一個是2，等我喊出3，她就要被罰站了。所以我說：「夏天，快過來。」如果她不過來，我一喊1，她就過來了。其實我也不想讓她罰站，但我需要透過一個最簡單的方式，讓她知道她快要被懲罰了，123就是最好的方式。

媽咪只想告訴妳
對和錯

學習選擇

黃嘉千

　　前幾天，我陪夏天念了一本書，內容講的是兩個小朋友和一群小朋友的故事。有兩個小朋友感情很好，經常玩在一起，其中一個剛好也叫夏天，她很想加入另一群小孩子的組織裡面，跟他們一起玩。那群小孩就說：「好，妳要進我們這個團體，可以呀，但妳得經歷一些考驗。」夏天就同意了。但另一個小朋友就落單了，他只好一個人默默跟在後面想看看到底是什麼考驗。

　　我是第一次念這本書，因為這本書是別人買給她的，我也不知道結果是什麼，所以我邊講邊想。考驗很簡單，可是在這個過程當中，他們把一根樹枝弄斷了，一個物體被彈飛到一所玻璃屋裡面，玻璃被砸破

了。所有小朋友們都嚇壞了，誰也不敢承認是自己做的。後來一個人就指著最後那個落單的小朋友說：「都是你做的，是你的錯。」那個小朋友覺得莫名其妙，就說：「怎麼會是我？」此時，他最好的朋友夏天也不幫他講話，因為她也害怕，如果她講了，這群人就不跟她玩了。

其實我們在人生中都會遇到這種兩難的狀況，你必須做出一個艱難的選擇，到底是繼續跟這個人當朋友，還是選擇團體生活？選擇了團體生活，勢必就會失去這個朋友。而且這個朋友本身沒有做錯任何事情，當所有人都在怪他的時候，夏天也沒有為他講話。講到這裡，我覺得這個故事太有趣了。

故事的結局很好，當時夏天選擇了團體，但幾天之後，她覺得她不應該這樣做，跟那個落單的朋友道了歉。我看過這個故事，就開始想要怎麼跟我女兒講，怎麼透過這個故事來教育她。

我跟她說：「這個故事很簡單，你跟諾一是很好的朋友對不對？」她說對。

我說：「那如果有一天來了一群朋友，妳很想跟他們玩，可是他們不要妳跟諾一繼續做朋友，這時妳會怎麼做？」

夏天回答說：「我要跟諾一做朋友，可是我也想跟他們玩。」小孩子的世界就是這樣的，她誰都想要。

然後我就跟她說：「如果妳選擇跟諾一玩的話，這些朋友就不理妳了。」

她問我為什麼，我告訴她：「因為他們就是這樣規定的，他們就是不允許妳跟諾一玩，妳跟他玩了，他們就不會跟妳玩，妳會怎麼辦？」

「可是我就是想跟他們玩啊，我也要跟諾一玩。那我要怎麼辦？」

我說：「其實大家可以一起玩是最好的，但是那一群小朋友不這麼想。」

她說：「那怎麼辦？我不知道怎麼選，媽咪妳告訴我怎麼辦？」

我就趁機跟她說：「今天媽咪就要告訴妳對跟錯，這件事情沒有怎麼辦，這件事情只有對跟錯，妳覺得那群小朋友這樣做對不對？」她說：「不對。」

「諾一有沒有錯？」

「沒有錯。」

「妳可以選擇的一個做法是，告訴這群小朋友，妳永遠是他們的朋友，他們有權利選擇要不要跟妳玩，可是妳永遠會跟他們玩，這是對的事，而不是妳要選擇誰。這已經不是選擇，妳也沒辦法選擇，妳只可以做對的事情。」

很多朋友都說我瘋了，我說不是我瘋了，書上就是這樣寫的。當你跟孩子解釋一個故事的時候，我們要先找出真正的意義，不然這個故事講完也就到此結束了，孩子不會有任何思考。

我想要告訴她，我們總會不可避免地要面臨一些選擇，人生不會這麼圓滿，但她可以選擇她生活的方法。妳想要跟這個朋友玩，還是跟這一群人玩？如果選擇了弱勢，是不是就沒有辦法進入這個團體？人們通常都會選擇團體，而離棄弱勢的一方。可是我要告訴她，妳要選擇對的事情，而不能只看眼前的利弊，這是非常重要的事情。

對一個這麼小的孩子來說，很多事情她可能還無法理解，她什麼都

想要很正常。我會對她說，妳很棒，妳這樣想就對了。在她這個年紀，這個答案就是最好的，這個選擇就是最正確的選擇。她應該跟誰都好好的，她如果有所偏好，我反倒會緊張。

等她再大一點，我就會告訴她，要選擇對的事情，而不是盲目地選擇團體，選擇團體當然比較安全，大家都往那一條路走，就不用害怕被排擠。可是我希望她選擇對的事情，而不是選擇接受現實。

對錯要分清楚，這些人的選擇是錯的，妳也要跟著錯嗎？不可以。明明不能在路上亂丟垃圾，可是妳看到大家都亂丟，所以妳也要跟著丟嗎？不管對與錯，盲目從眾是很可怕的一種心理。

所以看書、選書的時候，我會看看裡面真正要講的是什麼，有時候可能作者沒有某種意思，但我看了有不同想法，我就會告訴夏天。很多書雖然是寫給孩子們看的，可是也會帶給大人很多啟發。

哭吧！
哭完還是要做

學習承擔

黃嘉千

　　我們家有個約定，絕對不會體罰孩子。夏天長這麼大，根本不知道被父母打是什麼感覺。其實我們也根本用不著打她，只靠語言溝通她就能意識到自己的錯誤。有些父母真的會對孩子動手，打久了孩子也皮了，也不會再怕，所以最後並沒有什麼用。

　　例如夏天很想要一件東西，我們會跟她說，如果做到什麼事，就可以買給她。可是她接下來的表現特別不好，怎麼辦呢？我們一定不會再買給她。我們不會因為她做錯事就打她，而是不把那個東西買給她，這對她而言就是世界末日了，根本不用打。

　　然後她就會哭，我們就讓她哭。因為這個結果是她選的，不好好做

事，就是這個結果。

我會跟她說：「妳可以哭，因為妳難過，我懂，妳哭吧！可是哭完之後也不會有。妳很想要那個對不對？沒辦法，妳前面沒有做好，我怎麼能給妳呢？」

不管她哭得再傷心，我們也會忍住不給。一旦給了，她以後就知道父母根本說話不算話，只要哭鬧一番就會妥協，下次遇到這種情況就會重新上演。

很多父母會因為不忍心或者想快點結束這件事，而滿足孩子，說：「好了，那你下次不要這樣，知不知道？」孩子嘴上說著「知道了」，但下次還是會這樣做，因為他吃定你會給。

說了不給，就一定不能給，因為我們家通常都會有懲罰，會給她真的懲罰。就像某次我們去拍宣傳照，有一個叔叔想跟她合影，她悄悄跟我說：「我不想跟那個叔叔拍照。」我說：「OK，那妳想什麼時候拍？」「我們要離開之前。」我同意了。可是要離開的時候，她心情不好，還是不想跟人家拍。

我就生氣了，說：「不行，妳就是哭也要跟人家拍照，這是妳自己說的，而且現在妳讓整體狀況變得很尷尬，妳讓這個叔叔也很尷尬。」

那個叔叔說：「算了，小孩子嘛，沒關係。」

我跟那個叔叔說：「不行，她說到就要做到，我不會讓這件事情就這樣結束。」

我跟夏克立的觀念是一樣的，他也沒有要幫她的意思。

他對夏天說：「夏天，妳要說到做到，那是妳自己的選擇，哭吧，

哭完還是要拍，我們就等妳哭完。如果一開始妳就說不拍，我會跟那個叔叔說沒有辦法，不拍了，可是既然妳已經跟人家承諾過，離開的時候可以拍，那麼妳就得拍，要講信用。」

我希望她能明白，答應別人的事情就得做到，否則就不要輕易答應。現在因為她的食言，讓別人很不好意思，她讓這件事情影響了大家的心情，讓我們很不開心。

很多家長覺得沒必要跟孩子解釋這麼多，我覺得必須解釋，不然孩子根本不會知道自己錯在哪，也不會從中汲取教訓。

公主守則小叮嚀

教導孩子要守信用、說到做到，
學會承擔自己的選擇。

生氣了就可以
亂喊亂叫嗎？

黃嘉千

　　夏天即使生氣，也不可以亂喊亂叫，更不可以對父母拳打腳踢，這在我們家是絕對不允許的。如果一個孩子生氣的時候，連自己的父母都可以亂踢亂打，那他將來會怎麼樣？我覺得想想都可怕。

　　有一次，夏天生氣了，在家裡揮舞著雙手、亂叫亂跳的。我就把她叫過來，問她是跟誰學的，她說在外面看到有一個小孩這樣發脾氣。

　　我就跟她說：「這樣很不好，媽媽生氣的時候有沒有這樣發脾氣？妳為什麼要這樣呢？」

　　我們可以想一下，小孩子為什麼會生氣呢？往往是因為得不到自己

想要的東西。所以我要讓她知道，這樣做根本沒用，不但得不到想要的東西，還可能會受罰。如果警告之後，她還這樣大喊大叫的，我就會讓她去面壁罰站。

　　孩子最怕什麼？無聊、不好玩。面壁是很無聊的，一站就得站那麼久，面對一堵牆壁，什麼都不能做。大人就無所謂了，站在那裡還可以隨便想想事情、發發呆，但是小孩子不行。

　　這種懲罰很有效，有過一次之後，她就會知道：「哦，這樣做不僅得不到想要的東西，而且會更糟──會受到懲罰。」所以就不會再重複這樣的事情了。

讀書是我們家
最快樂的時光

學習閱讀

夏克立

　　現在網路很發達，高科技的電子產品也很多，很多人家裡都有好幾臺電腦、連著網路的電視、iPad，還有手機。當家長有事要做的時候，就會把孩子交給這些電子產品來陪伴，所以很多孩子都沉迷於玩遊戲而不能自拔，父母說什麼都不聽。

　　其實我們都知道，給孩子看手機、iPad都不好，可是很多大人自己整天「機不離身」，在陪伴孩子的時候也忍不住去滑手機。其實這也是一種「冷暴力」，是對孩子感情上的冷漠。孩子會有被忽略的感覺，甚至認為在父母眼中，自己沒有手機重要。為了彌補這種傷害，孩子可能會以哭鬧的方式吸引父母的注意，或者去仿效，這樣該怎麼教育孩子？

長期這麼做，孩子就容易性格孤僻，不願意和別人交流溝通。

　　所以，家長應以身作則，在孩子面前減少用手機及平板電腦的時間，與孩子一起玩遊戲，一起聽音樂、唱唱歌，也可以到戶外走走，和孩子一起爬山、一起到樹林裡觀察小動物和花草樹木。陪他們一起看書，然後討論，也是增加更多互動的好方法。總之，和孩子建立親密的親子關係，需要每天一點一滴積累，不是一蹴而就的。

　　在我們家，我們每天至少會陪伴夏天三十分鐘。在陪伴她的時候，我們會全心全意地和她一起玩，不會再想著工作，也不再想著其他事情還沒有做完怎麼辦。我們最喜歡的就是一起看書，一個個的文字沒有感情，可是一旦組成了一個故事、一本書，它就是有溫度、有感情的。

　　孩子的成長需要有書相伴，養成良好的閱讀習慣會讓孩子一生受益。怎麼樣才能讓孩子多讀書，讀好書，建立起閱讀習慣呢？我們家是從「選書」和「陪讀」兩方面來著手進行的。凡是要買給她看的書，我們自己都會先看一遍，覺得書中的價值觀以及文字和插圖沒有問題才會拿給她看；每天晚上，我們都有固定的閱讀時間。

　　讀書習慣的培養，是需要日積月累的。但是許多父母會認為，現在已經是二十一世紀，是一個高科技的時代，所以買各式各樣的電子閱讀設備給孩子是理所當然的，iPad、kindle等，讓孩子去閱讀電子書。當然可以這樣做，可是我想教我孩子的是一種不一樣的感受。

　　未來會變成什麼樣我不知道，所以兩者我都會讓她碰，相對而言，我更喜歡讓孩子多讀紙本書，任何的電子書都無法取代紙本圖書的閱讀感受和閱讀效果。畢竟孩子對實物的感覺更敏感，對於電子物品的感知

相對要差一點。

　　讓夏天自己動手去翻書的感覺太棒了，很多紙本書製作非常精美，翻閱的時候就是一種享受，這是閱讀電子書時無法感受到的。很多兒童書籍的設計非常棒，封面很漂亮，插圖、排版都是出自很棒的插畫師或設計師之手，不同的紙張、字體和排版會帶給孩子不同的體驗，不知不覺中就能幫助孩子培養一定的審美。

　　紙本書是一種藝術，而電子書只是快速消化品，是片段式的，缺乏藝術感。我讓夏天讀書的最大原因，就是書籍有情感，可以翻閱，可以觸摸得到，這正是我想要給她的感覺。對孩子來說，培養她對書的感覺非常重要。

　　圖書需要深度閱讀和深度交流，它會帶給孩子和父母一個比較完整獨立的空間，讓我們進行情感交流。如果孩子喜歡某本書，不管什麼時候，只要他看到這本書，就會回憶起跟父母一起閱讀、討論的情景，而電子閱讀器用了幾年就會被淘汰。

　　我們可以幫孩子建立自己專屬的書架，讓孩子隨時都可以翻閱，讀完了可以跟父母進行交流，也可以帶到學校去，跟他的朋友分享，對孩子的EQ教育也是非常有幫助的。

餵故事書
長大的孩子

黃嘉千

　　夏天今年六歲了，從她能夠與我們溝通開始，每天晚上睡覺之前，我們都會讀故事書給她聽。

　　由於我們是中西合璧的家庭，讀故事也是中西合璧風格，一本英文書、一本中文書，給她選。我們會問她：「今天妳想先『臨幸』誰？」如果她說：「今天我要爸爸先講故事。」那好，夏克立講完英文故事，然後就會換我進去講中文故事。

　　給夏天讀的故事書，我也是精挑細選過的，買回家後再讓她去選，她要看哪一本都可以。我買書是有一套標準的，我會自己先瀏覽一下內容簡介，看看這本書講的是什麼，然後在網路書店看評論。如果我覺得

這本書對小孩子沒有幫助，我就不會買來講給她聽。

對於書的內容，我都會自己先看，還會想好如何講清楚。例如，有本書裡是講辱罵別人、批評別人就會受到處罰。我會跟夏天講，如果我們不辱罵別人、不批評別人，是因為害怕被處罰，這個邏輯本身是有問題的。我們不能因為害怕被處罰而不去做這樣的事，而是本來就不應該說這些話，這樣做是不好的。兩者之間的意義大不相同。我會告訴她，為什麼我們不批評別人，因為我們本來就不完美，我們自己都不好，為什麼還要說別人不好？我們自己有這麼多缺點，為什麼還要說別人有缺點？

為什麼我選書的標準這麼嚴格？就是因為書的內容對孩子的教育影響太大了。我看一個故事、看一本書，如果認為我自己沒辦法解釋、我做不到的時候，我就會放下，也許有其他很厲害的父母可以解釋清楚吧！

性別教育：
尷尬比不知道好

學習保護自己

夏克立

　　現在社會都認為，養育女兒父母要付出更多的心血，因為要時時刻刻保護她不受到侵害。雖然夏天現在還是小孩子，但從她很小的時候，我們就開始灌輸她性別的觀念，就是要讓她知道自己是女生，不能在男生面前換衣服，換衣服的時候，一定要有獨立的空間，不能讓別人看到。這方面她一直做得很好，她會害羞。有一期節目裡，我在給夏天換衣服的時候，雖然諾一閉上眼睛表示不看，但我還是請他出去了，因為我要為女兒堅守原則。

　　我們還告訴夏天，什麼是隱私部位，女孩子哪些部位不可以給別人碰。如果人家碰妳什麼地方妳覺得不舒服，一定要跟父母或跟老師講。

可能很多家長認為這些東西不要太早講，但我們覺得一定要講，因為這是很重要的。讓孩子從小就知道這些知識會更安全，不能讓別人碰，也不要碰別人的，這些夏天都非常清楚。所以，在《爸爸去哪兒》第八集中，夏天和諾一把門鎖上單獨待在房間裡的時候，我就很生氣，對他們說：「男孩和女孩不能關了門一起在一個房間裡，結了婚才可以。」很多人說他們還那麼小，不用太擔心，我也覺得這麼小不可能發生什麼事，但是得讓孩子知道什麼是我們該遵守的規定。

在東方，兒童性教育不足是非常普遍的現象，很多家長當被問到「我是從哪裡來的？」這個問題時，都不知道該如何回答，一般都會說孩子是從垃圾堆裡撿來的，讓孩子很納悶。很多人到了十幾歲、二十歲才開始接受性教育，其實都太晚了。我希望夏天不要從網路上學、從朋友那聽說，或是到高中的時候才接觸到，因此我會親自教她，畢竟尷尬總比不知道好。

西方國家則是非常重視孩子的性教育，在小學二、三年級時，我的父母就開始對我進行性教育了。他們用一本小孩子也能看懂的書，教我性方面的知識。當時我很尷尬，可是那個做法是對的，小孩子應該早點知道這些東西。我聽嘉千說，她在念書時，學校有性別教育的課程，但是每個班級的教育方式都不一樣，有的班級直接跳過，有的讓學生自己看，有的老師會把文字念完。如果在學校沒有學到，父母尷尬不教，孩子只能自己去尋找答案了。不應該讓這種事情發生，性別教育也是我們的責任。

嘉千在幫夏天洗澡的時候，會告訴她：「這個地方是我們女生最私密的地方，這個地方除了媽咪、爸爸、奶奶，其他人都不許碰。因為現在妳還需要我們幫妳洗澡，只有這些人碰觸是安全的。」

她小時候會覺得很奇怪，說：「為什麼？」

嘉千就說：「妳看它長的樣子，它是包在裡面的，所以它很私密，就是不能給人家看，不然妳不要穿褲子好了。媽咪幫妳洗澡時，也是輕輕的、很小心，對不對？它也很脆弱，它希望我們可以保護它，所以妳要保護自己。」

她真的會懂，跟其他小朋友相處的時候，她會明白她是女生，有的人是男生。但現在夏天還處在模糊的階段，講更多只會讓她更迷惑。所以現在夏天只要懂得保護自己就好，主要是提防不懷好意的大人，不是防小孩，小孩這個年紀哪懂這些？

沒有性教育真的很危險，而且越早教育越好。我有個朋友是小學老師，他說，有個二年級的小孩子受到性騷擾、有個五年級的孩子懷孕了，而且每年都有一個五年級或六年級的孩子懷孕。我真的是被嚇到了，所以不對孩子進行性教育後果會很嚴重，即使說的時候會有一點尷尬。

5

第五章

父母教養的態度
——我們是狠心的父母

A Princess
By My Side

先讓她
哭一會兒

黃嘉千

　　有一次，我們讓一歲半的夏天在奶奶的房間睡，她在裡面大哭。奶奶就說：「妳讓我進去，陌生的環境她可能會害怕。」我說：「媽，妳先不要急著進去，等一下再進去，先讓她哭一會兒。如果她一哭就有人進去，以後她會隨便用哭來做任何事。」奶奶氣壞了，但還是忍著沒進去。後來奶奶進去的時候發現，夏天已經哭累睡著了。

　　其實這件事，我們在夏天六個月大的時候就開始訓練了，很多朋友都說我們太殘忍，可是我真的能狠下心來去做。有一本書寫得超好，叫作《百歲醫生教我的育兒寶典》，我們就是從這本書中學到的方法。這本書在媽媽圈裡廣為流傳，有一句話我看完之後，就覺得一定要介紹給

所有人知道，這句話就是：「現在你不
讓他哭，以後他就讓你哭。」

不好好吃飯
就罰站

夏克立

　　夏天第一次被罰站的時候，好像還不到兩歲，原因就是她不乖，沒有好好吃飯。因為好好吃飯這件事情一直都是我們的教育課題。

　　如果她不肯吃飯，我們家的應對策略就是──「讓你餓」。因為夏天比較瘦，有朋友會說：「不讓她吃飯，會不會發育跟不上啊？」

　　其實不需要擔心這種問題。平時我們就很注重孩子的飲食均衡，少吃一頓不會怎麼樣的。不會因為昨天沒吃晚飯，今天孩子的骨頭就缺了鈣，根本沒有這樣的事。

　　我們家的一日三餐都會在正常的時間開始，午飯不好好吃，過了這個時間點就沒有任何東西給妳吃了，包括零食，要一直等到吃晚飯才

行。如果她乖乖吃飯，飯後休息的時候，我就會拿好吃的點心給她，但是她絕對不可以為了點心而不吃正餐。

　　有時候她真的會這樣，因為她只吃點心就夠了，也不會有餓的感覺，所以就不肯吃飯，等著吃點心。這時我就會狠下心來懲罰她，不會再給她東西吃，有時候還要罰站。

　　管教的時候，父母一定要狠下心來，沒有什麼好講的，就像有些父母會動手打孩子一樣，是他們不愛自己的孩子嗎？當然不是，因為愛，才會恨鐵不成鋼。我不給她吃東西也不是因為我狠心，而是因為我愛她。

再這樣，
我們就馬上回家

夏克立

孩子不好好跟人打招呼怎麼辦？

遇到這種事的時候，我們一定都是當場處理，讓她馬上問好。

如果她問好時的情緒不佳、表情不對，對人沒有禮貌，事後我會找一個合適的時間，跟她聊天，問她：「那天妳對那位叔叔態度不好喔，是怎麼了呢？」她就會跟我講，是因為什麼什麼原因。

如果在跟小朋友一起玩耍的過程中，夏天有了不好的行為，我們會馬上跟她說：「不可以這樣，如果再這樣，我們就回家喔！」如果她不聽，又再做了不好的行為，我們會馬上跟同行的家長說：「不好意思，我們有點事，要先回家了。」夏天往往會整個人呆掉，不相信我們真的

會帶她回家，不能跟小朋友一起玩了。

　　我們不會像有的家長一直說：「不可以這樣喔！再這樣我們就回家了喔！」一直說，一直說到結束也沒有真的回家。在我們家，只會說一次，再發生，就馬上回家。

　　只要一次，夏天就會知道了，哪些事情是不好的，不能做。她現在一聽到我說：「夏天，過來。」她就知道剛才的行為不好，馬上就不做了。

不然妳去當
他們家的小孩啊

黃嘉千

　　現在學校裡也經常有這種情況：孩子之間會互相比較，我有什麼玩具，我有什麼衣服，我有什麼鞋子，我爸爸開什麼車，我們家週末去哪兒玩了之類的。

　　夏天有時候看到別的小朋友有什麼，也會回家跟我說：「媽媽，我想要那個，那個小朋友都有。」

　　我就會跟她說：「不行，每個家庭的情況不一樣，他的家庭允許他有，但是我們家不允許。」

　　如果她還是想要，我會直接跟她說：「在媽媽這裡不行，給妳一個選擇的機會，不然妳去當他們家的小孩啊！」我希望藉此讓夏天知道不

能的原因，讓她有所選擇，並非爸媽不愛她。

　　家長的價值取向是孩子比較心理形成的重要因素。其實「比較」是人性的弱點，與生俱來，人人都有。但在孩子的認知裡，這些東西還沒與金錢、社會地位等現實問題聯結在一起，他們只是覺得，別人有的我也要有。

　　許多父母會覺得，再苦也不能苦到孩子，如果不能滿足孩子的要求，就是對不起孩子，所以會盡己所能地滿足孩子的比較心，要什麼就買什麼。正是父母這種心態，助長了孩子的比較心理。

　　還有一些家庭不懂得量力而為，明明經濟條件不允許，還要縮衣節食給孩子買名牌，這是何苦呢？不僅自己受累，孩子的要求也會越來越過分。如果孩子想要一套八百元的玩具，而你覺得無力承擔，不妨直接告訴他：「媽媽沒有那麼多的錢。」沒必要去找其他不相關的理由。但也要讓孩子知道，買不起也不是一件丟臉的事情，不要因此失去自信。

　　父母若能善加利用孩子的比較心理，引導他往積極正面的方向發展，那就再好不過了。例如，讓孩子和小夥伴比比誰讀的書多、誰畫畫得更好、誰更經常幫媽媽做家事……等。如果孩子表現很好，不妨送孩子一個小禮物作為獎勵。

現在開始
倒數計時

黃嘉千

　　現在幾乎家家都有iPad，孩子都很喜歡玩電腦遊戲，如果不提前跟他們約定好時間，他們就會一直玩、一直玩，玩上半天都不覺得累。夏天也是這樣，我們家的規定是，每次只能玩半個小時到一個小時的時間，時間到了就得休息。可是，我們不會指著時間說：「時間到了，馬上關掉，不能玩了。」

　　孩子沒有時間觀念，所以我們會提前十分鐘告訴她：「先暫停一下，我要跟妳講話，妳現在還有十分鐘的時間，剛剛已經玩了很久，十分鐘後就不可以玩了喔！」如果時間到了就關掉電腦，孩子會失控、會生氣，所以我們要先跟孩子預告，你現在剩二十分鐘了，你現在剩十分

鐘了，你現在剩五分鐘了，就一直這麼預告，讓孩子做好心理準備，時間到了的時候，你收走電腦他也不會覺得很突然，就不會哭鬧著不肯給你。

　　但是這也要看每個孩子的具體狀況，如果電腦被拿走，他是心甘情願的，我們就不需要跟他預告；如果孩子會有大吵大鬧的狀況，我們就必須預告。

　　「妳不能對我生氣，如果妳對我生氣，就一個星期都不能玩了。如果妳不遵守約定，大哭大鬧，那以後還是不要碰的好，因為妳有這種不好的反應一定是這個遊戲帶來的。」我會這麼跟夏天說。

　　跟夏天溝通交流的時候，我們不會用命令的口吻，而是以平等的方式來交流。一定要這樣，不然孩子會不受控制。如果我之前已經跟她預告過剩下十分鐘了，剩下五分鐘了，我拿走的時候，夏天出現這種不好的反應，在我們家是不被允許的。

　　我會跟她說：「因為妳之前沒有過這種反應，所以我才讓妳玩這個遊戲，所以這次是媽咪不對。妳可以繼續失控，妳有這種反應是正常的，可是以後我不能讓妳玩了。因為沒有這個遊戲妳就不會有這種反應。」

👑

公主守則小叮嚀
與孩子溝通交流的時候，
記得以平等的方式來取代命令的口吻。

　　她就懂了，以後再玩的時候，夏天就不敢再有這種反應，因為她知道她只要做出這種反應後，一個星期都碰不到電腦了。我們也一定會說到做到，誰都不會偷偷再給她玩。我們也不會放狠話說：「我告訴妳，這輩子妳都不要再想玩遊戲了！」這肯定是做不到的嘛，所以要有一個時間限制，但不宜過長，一個星期是最適宜的。

經歷一點挫折
又何妨

夏克立

　　夏天如果做錯事了，大家都可以批評她，我不僅不生氣，還很開心。如果有人說某個小孩長得太醜不好看，這種批評我就不喜歡，因為醜不醜不是自己能控制的事。

　　有的時候，長得很漂亮的孩子反而很討厭，他們處處被人所愛，沒有經歷過挫折，不知道一個不漂亮的人是什麼感受，不經意間就會傷害到別人。有很多人看到夏天都會說「妳好漂亮」，我總是避免讓她接收到這種資訊，我不想讓她覺得自己很漂亮，不想讓她變得太驕傲。

　　夏天因為是混血兒，長得和其他孩子有點不一樣，還曾經被別的孩子說是雜種。那次我們去一個公園玩，夏天看到一群小孩子在那邊玩，

就過去跟他們說：「我可以跟你們一起玩嗎？」一個大約七歲的孩子說：「不可以，妳是雜種，不可以跟我們玩。」我不懂雜種是什麼意思，就問身邊的朋友，他們跟我解釋說這是一句罵人的難聽話。

夏天那個時候才四歲，她也不懂，我就跟她解釋說：「他們不跟妳玩，是因為妳比較小，他們不跟比較小的孩子玩。」夏天的國語不太標準，講話帶有一點我的口音，她還因此被排斥過幾次，還好她不知道。我小時候也有過被排擠的經驗。我上的是男校，由於發育較晚，個子很小，因此經常在學校被同學打，還被丟進過垃圾桶。有一次，在寒冷的冬天被同學用毛巾綁在公車上，下車的時候已經過了學校很遠。當時下著大雪，我只好一步一步發著抖走回學校。結果因為遲到，被老師罰抄《聖經》一個小時。

我一直認為自己不會發育了，連醫生都這麼說，沒想到十七歲之後就開始不斷長高了。後來到了新的學校，幾個男生說我還不錯，可以加入他們。雖然他們看起來很酷，但我知道他們品德不好，所以拒絕了。小孩子只有吃點苦，經歷過挫折，才分得清好壞。

既然遭遇挫折是人生必經的過程，作為父母，我們就必須教孩子學會接受挫折。我也無法做到永遠讓夏天生活在我們的「保護傘」下，無法一輩子替她遮風擋雨，我也不想讓她一遇到挫折就想躲入父母的懷抱中，不敢獨自面對，所以我們也會逐步讓她自己學著去面對。

我不是
完美媽媽

黃嘉千

「媽咪，妳又在玩手機。」

「對呀，妳有時候不是也在玩？」

這是我和夏天偶爾會有的對話。我有時候不想在孩子面前表現得太頑固，太像個大人，也會想放輕鬆一下。

當然，在教她的時候是很正經的，可是當我很想做一些自己的事情的時候，我就會裝傻。她也會教我一些道理。我真的很努力地想要當一個好媽媽，可是有時候還是會忘記，而做了一些錯誤示範。

例如，我吃飯前，有時候會吃幾塊餅乾。夏天看到了，就會問說：「媽咪，妳不是說吃飯前不能吃東西嗎？」

我說：「對，對不起，媽咪太不注意了，真的很謝謝妳提醒我。」

「為什麼妳可以，我不行？」

「因為媽咪已經被妳提醒做錯了，妳當然不能也錯呀！」

有時候我會讓她看到這種事，沒辦法，我在小孩子面前哪能裝那麼久？我也不是那麼完美。可是不能每次都這樣，只能偶爾為之。

有時候我送夏天禮物，她會問我：「為什麼要送我禮物，是因為我今天很乖給我的獎勵嗎？」

「不是，是因為妳是我女兒，媽媽愛妳，想送妳禮物，這是應該的呀。」

女兒，媽媽永遠愛你。

我們都要
學會放手

夏克立

夏天三歲多的時候，我們帶著她去菲爾德探望我的父母，他們冬天常常住在那裡。那幾天，夏天每天晚上都會鬧，嘉千為了哄她睡覺，也累得筋疲力盡。

我父母見狀就說：「你們兩個放心出去玩吧！我們來照顧夏天。」

嘉千說：「這怎麼可以，她這樣子鬧，一定會給你們添很多麻煩的。」

我父母一看嘉千不肯放手，就把我拉到旁邊去說：「去跟你老婆說，放心交給我們就好。」

然後我就把嘉千拉到一邊說了，嘉千還是擔心夏天會吵鬧，交給我

父母可能會有什麼問題。我說：「我就是我父母一手帶大的，我姐姐、弟弟也成長得很好，就把孩子交給他們試試吧！」然後我們就去迪士尼玩了。晚上我打電話回去問我母親情況如何，我母親說：「你女兒九點半就已經睡了，她今天好乖，玩得很開心，睡覺前也沒有哭，拍了幾下背就睡著了。你們可以在外面多玩一天，我們跟你女兒玩得很開心。」

之前，夏天一哭，嘉千就會立刻跑去看她怎麼了。我看了很多這方面教育的書，知道哭鬧其實是孩子在撒嬌，希望自己得到照顧。這時候如果抱起他，他就會馬上停止哭鬧，但也很容易產生所謂的「愛抱的壞習慣」。但是，忽視他的撒嬌，他的欲望得不到滿足，長大之後又會缺乏安全感。所以，當父母是一門很深的學問，尺度的拿捏真的很重要。

我覺得我和嘉千都是控制狂，我們一直在看夏天是不是OK，一直在說這個不行、那個不行，根本做不到忽視她的哭鬧。所以，夏天撒嬌的方式快讓嘉千發瘋了。我們在的時候，她就會一直鬧；我們離開後，她跟我父母反而相處得非常好，不哭不鬧，睡得也很好。

嘉千管我管得更多，她總會跟我說，不要這樣、不要那樣。像是我的背部不太好，她一旦發現我做了什麼會影響背的事情，就會跟我說，為了我好不要這樣。導致我跟她在一起就很緊張。我知道她是心疼我、愛我，但我有時候真的會忘記自己的背不好。

在這一點上，我就很佩服某些父母，他們對小孩很放心。有一次我在高速公路休息區的洗手間裡，見到一個小孩子在哭鬧，旁邊卻沒有大人。嘉千當時就很擔心，說：「這個孩子可能會被偷走。」我當時開玩笑說：「誰要偷啊，他那麼吵。」

　　老實說，我也會想控制我女兒，也會忍不住一直盯著她，拍《爸爸去哪兒》的時候，節目組的編導跟我說：「你女兒很乖，你要不要讓她去和別的小孩玩，不一定要一直跟著你嘛。」但我還是很擔心，生怕她會發生什麼事情。我明明知道，已經教過她過馬路要看看四周，遇到什麼事應該怎麼應對。所以我也應該學會放手，給她多一點成長空間。

公主守則小叮嚀
父母也應試著學習放手，不需時時守護在孩子身邊，
讓孩子擁有多一點的成長空間。

媽咪要跟妳說對不起

黃嘉千

孩子是離我們最近的人，就像是我們的鏡子，最容易發現我們的缺點和不足。

誰都免不了會有煩躁發火的時候，我也會生氣。平時我跟夏天講話，都是按捺著脾氣去講的，都會先問為什麼。有時候實在忍不住了，也會不問為什麼，就直接開始批評。

有時候心情不好從外面回來，看到夏天做錯事的樣子就不禁火大，可是我發完火之後，會跟她說：「夏天，媽咪跟妳說，妳知道媽咪為什麼不開心嗎？」我會跟她解釋為什麼，不會讓這件事情沒有結果，一定會在有能力修復關係的時候就開始修復。

　　我們會生孩子的氣，孩子也一樣會不開心，生我們的氣，可是我們要有修復關係的方式。在這種時候，我會跟孩子講：「媽咪跟妳說對不起，因為媽咪剛剛心情不好，所以有一半的時間媽咪講話比較大聲。」沒有一個孩子會真正怨恨父母，他們都非常愛自己的父母，這麼跟她解釋，她就會釋懷了。

　　有一次我們去拍照，我發現她拍得很不開心，就蹲下來跟她說：「媽咪跟妳說對不起，我不知道妳今天這麼不開心。媽咪看妳這樣很難過，我以為妳會開心，所以跟妳說對不起。」我要讓她明白，我不是要逼她開心，她有權利不開心。因為這件事是我想要她做的，所以我要說對不起。

　　很多父母以為，在孩子面前說對不起好像是在示弱，其實並不是。我是真心跟她說「對不起」，是真的很難過，媽咪也會做錯事情，所以對不起。

　　不是每個人生下來就懂得如何當父母，我們也是在陪伴孩子長大的過程中，一步步學習怎麼做的，難免會有一些缺點和不足。如何跟孩子解釋自己的缺點和不足，也是與孩子共同成長的一部分。

👑
公主守則小叮嚀
父母也會有犯錯的時候，當發現自己犯錯時，
請耐心地與孩子解釋犯錯的原因，並試著向孩子說「對不起」。

孩子輸在起跑點上又何妨

／黃嘉千

　　有一本書叫《小公主》，敘述的是一個小公主很努力，但是卻拿不到獎盃，她很沮喪，最後老師給了她一個獎盃，告訴她因為她是最努力的。這個故事告訴我們，輸贏不重要，重要的是你有沒有努力去爭取過。

　　我們不會要求夏天一定要贏在起跑點上，輸了也無所謂，日子那麼長，不用事事跟人家拼第一，為什麼非要拿第一呢？過程開不開心才是最重要的，從中學到什麼才是最重要的，不是贏了就開心，老二哲學我們覺得也挺不錯的。

　　老二哲學就是看著第一，向他學習，也不必擔心後面的人追上你，

壓力不會那麼大。可是排在第一名的人永遠都很辛苦，永遠都在擔心後面的人會追上他。所以孩子輸在起跑點上我覺得還蠻好的，只要她享受那個過程就好。不用從一開始就給她那麼大的壓力，孩子有孩子的路，輸就輸，也沒什麼大不了的。

我只希望她開心、健康、平安地長大，建立良好的人緣，懂得體諒別人的心，她自己要有愛、懂得付出，我覺得這些更重要。成績好不好，不是那麼重要。因為我們自己都不是那麼完美。

對孩子最好的教育，
就是父母之間的愛

/ 黃嘉千

　　我們結婚之後一直相處得很好，很少有爭吵，但是因為夏克立講話時臉經常漲紅，語調的分貝也很高，而我也經常動作比較誇張，我們在模仿別人說話的時候，就會很大聲，聽起來就像在吵架一樣。夏克立說：「我跟妳說，什麼什麼……。」然後我說：「天哪，他怎麼這樣？」結果被夏天聽到了，她會問我們：「你們是在吵架嗎？」

　　「對不起，我們真的沒有吵架。」然後我們兩個就要親給她看，表示我們很愛對方，每次都會跟她解釋。

　　我在書上曾看過一句話：「對孩子最好的教育，就是父母之間的愛，這份愛能帶給孩子最多的安全感。」養育孩子不是一個人的責任，

現在有很多夫妻不是整天吵架、冷戰，就是鬧分居、離婚。父母不相愛了，孩子的心靈要靠什麼滋養？

　　也許有些父母分開之後，依然可以各自為孩子提供愛，努力給孩子完整的愛，讓他覺得自己一直是被父母們愛著，這就是另外一種教育方式了。

　　我想說，父母在婚姻失敗的時候，絕對不可以讓孩子覺得爸爸有多糟或者媽媽有多糟，爸爸在外面有女人、媽媽都不管你，他們根本不愛你，千萬不能讓孩子有這種感覺。

　　我們要讓孩子知道，爸爸很愛你或媽媽很愛你，這件事情不是你的錯，是父母在相處方面沒有辦法達到共識，所以才選擇了這條路，可是爸爸還是很愛你，媽媽也還是很愛你，你永遠是我們的寶貝。

　　因為父母的情緒會影響到孩子的情緒，所以我們從不會跟孩子講對方的壞話。父母是孩子唯一的依靠，沒有愛的家庭，孩子又該如何快樂成長？一個父親能為孩子做得最好的事情，就是愛他的媽媽，夫妻間少點爭吵，多點理解和包容，給孩子一個幸福、快樂的家。只有溫馨的家庭，才能給孩子帶來足夠的安全感。

　　我們經常會在孩子面前親吻和擁抱，我們覺得這可以讓孩子感受到父母之間的愛意，但也會注意分寸。東方許多父母對於在孩子面前表達愛意感到很彆扭或不自在，但是這有什麼好害羞的？只要告訴孩子，這是表達愛的一種方式就好了。

6

第六章

《爸爸去哪兒》
趣事多

A Princess
By My Side

陪伴就是
給孩子最好的愛

夏克立

很多人問我，當初是怎麼決定要去上《爸爸去哪兒》這個節目的？其實原因很簡單，因為參加這個節目可以和女兒一直待在一起。

之前我曾拍過一檔真人秀節目，叫《為我加油》，是一檔很辛苦、很危險的真人秀。那個節目的拍攝期間，我每天晚上都會打電話給我女兒，我想死她了。嘉千在電話裡跟我說，今天她掉了一顆牙齒，我不在；她今天學會說一句什麼話，我也不在。那段時間我簡直度日如年。

我覺得孩子的成長只有一次，所以寧願捨棄工作，也要盡量抽時間多陪陪女兒，希望參與女兒的每個第一次。至今我還記得夏天第一次走路的可愛模樣，當時Poppy抓著旁邊的東西慢慢站了起來，我和嘉千就

跟她說：「Poppy，走過來。」沒想到她真的慢慢走過來了！那種感覺好奇妙，那一瞬間我好開心，我想每個父母都是這樣的吧！

　　基於這樣的原因，很多節目邀請我去，我都推掉了。離家比較近的節目或電視拍攝，我會優先去接，因為這樣我每天晚上都可以回家陪她。太長時間見不到夏天，我會瘋掉的。無論接了什麼節目，前提就是可以每天接她回家、週末可以陪她，錢不需要賺太多，只要能夠跟她在一起就好。參加《爸爸去哪兒》之前，很多節目都邀請過夏天，我們都沒有同意，因為我們覺得她還這麼小，讓她上這些節目沒有什麼益處。

　　而這個節目讓我有機會天天跟她在一起，並且陪她去很多有趣的地方，這就是我想要的，所以我很開心地接受了邀請。夏天比較害羞，一開始我擔心她不喜歡這個節目，後來我又擔心她去一些地方時會覺得太熱、太乾、不舒服，不過在錄製過程中，我沒聽過她抱怨，而且所有孩子都沒有抱怨，我很開心。明星的孩子上了電視節目以後，很多會變得很驕傲，要避免是很難的。所以我們上了《爸爸去哪兒》以後，一直給她洗腦，不想讓她認為自己被這麼多人關注和喜歡是因為她很厲害。

　　拍攝期間，夏天完全不懂，單純以為就是來玩的，所以表現得很自然。夏天在家裡也常對著攝影機講話，常常問它：「我漂亮嗎？」因為我告訴她，那是一個機器人，她把攝影機想像成一個有生命的東西，還給它取了名字。在電視上看到節目播出，才知道我們是在錄節目，會被很多人看到。

　　每個孩子都是上天送給父母的小天使，他們的一哭一笑，都牽動著父母的心。陪著孩子長大，是父母送給孩子最好的禮物。孩子在0～6

歲之間特別需要父母的愛和陪伴，不然孩子的內心會缺乏安全感。只有在父母細膩的愛中成長的孩子，內心才會真正充滿快樂，才是真正健康的孩子，而只有擁有真正的健康，孩子才能獲得全面的發展。而且這段時光如此美好和短暫，如果不珍惜，就再也不能彌補了。

我女兒
怎麼會這麼棒！

夏克立

　　在節目小組特意安排的一小時密室測試裡，我和夏天的表現讓許多觀眾心生感慨。很多人都跟我說，你們家的教育很成功。其實密室測試對我們而言，根本算不上是個考驗。

　　有時候在家裡什麼玩具都沒有，也可以一起玩上一個小時。我們可以玩角色扮演，你是老師，我是學生之類的，不知不覺就能玩上一個小時。我們也不需用手機，我喜歡她用頭腦來想可以玩什麼。也可以講故事，我們可以一直玩得很開心。

　　在那個密室裡，父女倆有時間在一起就已經很開心了，所以她才會說，繼續在裡面玩也OK。我也覺得所有跟她在一起的時間都是寶貴

的，所以如果她要回密室繼續玩，我也願意陪她一起玩，她開心就好。

　　在節目中，我們玩的是魔法，我最喜歡她用創意想一個故事出來，我覺得讓孩子用他們腦海中的創意來講一個奇奇怪怪的故事非常好，會讓他們變得很聰明，因為有創意就會有想法。

　　在節目裡，有一次我們的晚飯是烤雞翅，由於之前的任務做得太慢，因此大家已經快吃飯了，我們卻還沒有生火。當時已經很晚，我怕夏天餓了，心急火燎地煮了一鍋飯。然後我找不到東西升火，在別人的提醒下，我用衛生紙終於把火升起來，可是火太大，把雞翅都燒焦了。

　　然後夏天說她急著想上廁所，可是雞翅快要好了，上完廁所之後，雞翅可能會被燒焦，該怎麼辦？但我還是馬上帶她去上廁所，出來後雞翅果然烤焦了。但是夏天卻跟我說：「爸爸，你烤的雞翅看起來好好吃。」她也知道那是燒焦的、失敗的雞翅，如果是別人做的，她應該會說不想吃這個。那天我做的飯也是失敗的，有些硬，她還是很誠懇地跟我說：「爸爸，這是我吃過最好吃的飯。」

　　不過這一段好像沒有被拍進去，因為那個房間裡沒有攝影機。她知道我很用心，花了很多時間在做，所以她不想讓我難過，她不希望我受傷。我聽到這些，感動得都要哭出來了，我覺得我女兒怎麼會這麼棒、這麼好啊！我變得更愛她了，上天怎麼會賜給我一個這麼好的女兒！

　　當然，這個世界上沒有完美的孩子，她也有不好的地方，但是她已經懂得主動去安慰別人了。

心中有愛，
也要勇敢表達

夏克立

看過《爸爸去哪兒》第三季的朋友，都知道我們家有一個很好玩的鈴鐺——親吻鈴，我們出門的時候會隨身攜帶，一搖鈴就能得到夏天的親吻。

這個鈴鐺是我在加拿大的蒙特利爾，也就是我的家鄉買的。怎麼會想到要買這個東西呢？因為我第一眼看到它就覺得好可愛，馬上買來拿給夏天，那個時候她大概四歲半。我就問她：「夏天，妳知道這是什麼嗎？有沒有聽到叮叮叮叮的聲音？」

她說：「是鈴鐺！」

我說：「對，妳知道是什麼意思嗎？如果我一搖這個鈴，你聽到叮

叮叮的聲音，就要過來親我；媽咪一搖這個，妳就要過去親她。如果妳想我們了，也可以搖。」買的時候我就想，這將是我與愛的人之間，一個有意思的約定。夏天也覺得很好玩，然後我們就把它從加拿大帶回了家，每天都會用。

我就把親吻鈴放在我書房的桌子上，夏天在房間玩，我在寫東西，突然想她了，我就會搖一搖，她就會從房間飛奔過來親我一下。這是一個非常美好的約定。有的時候我在看電視球賽，她一個人在玩，她就老是會搖它，叮叮叮，然後我就會放下球賽去親她。我知道她是用這個方式來跟我說：「爸比你不要看球賽，你來跟我玩。」即使是心愛的球隊比賽，我也會放下去陪她，等她睡了之後我再去看。我的週末基本上都在陪她，平時晚上回來，在她睡覺前，也會陪她玩上一陣子。

西方人從小就習慣跟家人說「我愛你」，會親吻及擁抱父母。我離開家人的時候會打電話回去跟媽媽說：「媽媽我愛妳，妳很棒。」對爸爸說：「爸爸，我成長的過程中你花那麼多時間來培養我，我真的很愛你。」如果有很長時間沒見面，我會過去抱他們，我會哭，他們也會哭，我們從不覺得這是丟臉的事情，這是在表達對彼此的愛。

可是，大家一般不會這麼做。我問為什麼不抱，他們說不用抱。如果很久沒有見面，我岳母看到我也不會抱我，我抱她的時候，她會覺得不好意思，這就是中西文化的差異。

我在Facebook上曾說過，父親節、母親節的時候，一定要記得跟你的父母說「我愛你」，要給父母一個大大的擁抱。後來有人寫信告訴我，他真的聽了我的話，跟媽媽說「謝謝妳照顧我長大」，他媽媽流了

很多淚，爸爸也感動的哭了，很感謝我提醒他做了這件事。

　　那種感覺真的很棒，只有表達出來，父母才會知道你愛他們。如果某天他們突然走了，而你還沒對他們說過這些話，那你肯定會有無限的悔恨與難過，所以現在可以試著每天講，講再多次都不嫌多。

　　以前我也不會對我父母說「我愛你」，一直到十六歲的時候才開始學會說這句話。因為那時候我有一個朋友的爸爸突然過世了，他跟我說：「我一直沒有跟我爸說過我愛他，可他已經走了，再也沒有機會說了。」他非常的後悔。我一聽到這個故事就嚇到了，當晚跑到父母的房間跟爸爸媽媽說：「我愛你們。」從那天開始，每天睡前，我都會親吻、擁抱父母，跟他們說過這句話再去睡覺。

　　由於我們一直以來都是這樣引導夏天的，所以夏天在表達愛與感謝方面沒有什麼障礙，她不僅會跟我們說，也會跟她的朋友說「我愛你」。我們希望她在與人交流的時候，能懂得表達，表達愛、表達感謝，一定要心中有愛，要勇敢。這就是我們對她的期待。

天堂是個
很漂亮的地方

夏克立

　　我們家曾經養過一隻馬爾濟斯犬，名字叫吉魯巴。夏天出生的時候，吉魯巴已經十五歲了。牠可以說是陪著夏天長大的，他們感情非常好。夏天剛學會走路時，搖搖晃晃的，很不穩，吉魯巴一看到她站起來，就會走在她旁邊，讓她跌倒時可以抓著牠，真的是一隻很貼心又超級可愛的狗狗。

　　夏天第一次發出「爸」的聲音時，大概是她一歲多的時候，那天我非常激動，以為她是在叫我，沒想到她喊的是吉魯巴。因為當時夏天還不會發長音，看到吉魯巴就會叫牠「巴」，有時候也會叫「吉巴」。這件事多少讓我有點失落，也有點哭笑不得。不過，從另一個角度想，說

明她愛狗狗，我們也都愛狗狗，所以也就釋懷了。

　　吉魯巴離開這個世界的時候，已經十九歲了，夏天當時五歲。我們都很難過，夏天尤其傷心，畢竟他們朝夕相處了五年的時間，每天吃、睡、玩都在一起，吉魯巴就是她的保護神，也是她最好的朋友，他們感情非常深厚。

　　吉魯巴離開以後，我告訴夏天，吉魯巴去了狗狗的天堂。天堂是個很漂亮並且有五彩祥雲的地方，在那裡，吉魯巴會很開心。我想讓她知道，死亡並不可怕，而是一件很美好的事情。我還告訴她，死亡是人類在成長的過程中，必須接受和面對的事情，這是誰也逃脫不了的自然規律。

　　在烏魯木齊的烏拉斯臺牧場，我們深夜躺在露天草堆上，看著滿天繁星，第一次談論起生死的問題。說到吉魯巴的死，我告訴她：「有一天，我也會死去。」話剛一說出口，就急壞了夏天，她十分著急地趴到我的耳邊說：「你走了我會跟你去。」看到她眼淚快要掉下來的模樣，我心裡立刻湧起一股暖流，她捨不得我！

　　但我還是平靜地跟她說：「妳不用跟我去，現在還早呢！」我想傳遞給孩子一個觀念，死亡這件事並不可怕，而是一個很好的期望，我們以後會再相見。

　　夏天有一次問媽媽：「為什麼吉魯巴會死掉、會離開？」

　　嘉千說：「因為牠老了。」

　　夏天說：「那我不要變老，老了就會死，對不對？」

　　嘉千說：「對，一定會這樣。可是我們每個人都會變老，妳一定要

學會面對。」

夏天說：「可是這樣我會離開妳啊，我不要離開妳，妳也不要離開我！」

嘉千說：「某天一定會發生的，可是媽咪要告訴妳，其實這是一件很美好的事，一件很棒的事。妳看吉魯巴老了以後，牠可不可以走路？有沒有辦法吃東西？都沒有，牠老了以後，什麼都做不了，怎麼辦呢？有一個地方非常適合牠，牠可以換到那個地方去繼續開心地玩耍，不是很好嗎？我們也是一樣呀，我們老的時候也需要別人來照顧我們的日常生活。可是到了那個地方，我們可以重生、不再生病、不再有痛苦，都是喜悅、開心和愛，多棒啊！以後我們每個人都會到那邊去，妳還是會看到我，我還會看到妳，多棒？所以變老和死亡有沒有那麼可怕？真的沒有！」

其實如何與孩子談論「死亡」這個話題，才能讓孩子理解又不讓他們心裡留下陰影，的確很難。中國人向來忌諱談論死亡，每當涉及這個問題，父母通常是一句話帶過：「去了很遠、很遠的地方。」或者乾脆岔開話題。但我們覺得，只有讓孩子接受瞭解死亡的意義，他們才會珍惜生命，也才能對生命充滿敬畏。

孩子不懂這種離別是再也看不到的離別，但是我們要讓孩子相信，有一天我們還會見面，這件事情一定會發生。當然，夏天聽完這些還是懵懵懂懂的，可是我相信有一天她會懂，而且此刻她也不再糾結了。

總之，父母要盡可能用委婉的方式告訴孩子死亡是什麼，別讓孩子

失去安全感，或感覺到恐懼和驚嚇。讓他們明白，死亡是我們不得不面
對的事，但我們也要盡力過好每一天，珍惜當下，別害怕死亡。

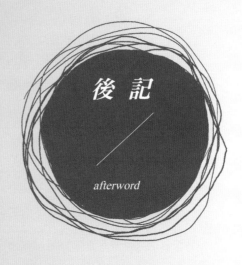

後記

afterword

養育孩子，
是父母的自我修練

A Princess
By My Side

　　對父母而言，養育孩子是一個自身修練的過程，因為一個孩子降臨之後，需要我們花許多的時間和精力來照顧，而且這不是一天兩天的事情，至少是十八年的長跑，這就意味著我們要花十八年以上的時間來陪伴這個孩子。

　　現在有太多父母把孩子生下來，產假過後就返回職場了，把孩子扔給爺爺奶奶或保姆來帶。他們以為眼下重要的不是陪伴孩子，而是為孩子的將來準備足夠的財富，等孩子長大，到了要上學的年齡，再把孩子接回來就好。殊不知，卻錯過了孩子最佳的心理成長期。

　　所以，我們不讓別人來照顧，我們不希望孩子被那個人的性格影響到，**只有親自帶孩子，孩子的性情才會接近父母的期待，只有這樣才能確保她會長成什麼樣子**。但這樣也意味著，父母要放棄很多工作機會，要做出一些犧牲。我們也不是沒有權衡過，再三考慮後還是決定自己帶。

　　有很多年輕的父母會說，我們如果不去賺錢，怎麼養活家庭、怎麼給孩子良好的生活環境呢？如果錯過孩子0～3歲關鍵的性格養成和能力培養期，就很難挽回了。這段時間也是孩子安全感形成的最關鍵時期，如果此時能夠得到父母充分的關愛，就能獲得充足的安全感，否則就將終生尋求安全感，焦慮和缺乏自信可能會伴其一生。當一個孩子得不到安全感時，是不可能建立自信的，就沒有足夠的力量去信任別人，情緒波動也會比一般的孩子大，遇到困難習慣逃避，承受挫折的能力也較弱，0～3歲的教養，決定了孩子一生的幸福。

　　孩子的幸福比什麼都重要。夏天三歲之前，我們可說是寸步不

離，走到哪兒帶到哪兒，凡事都親自來教，不會為了想喘口氣就把她丟給別人，或拿手機和iPad打發她。我們想讓孩子養成很棒的個性，就要在她三歲以前好好塑造，我們花了六年時間教育夏天，大家現在可以看到成果，我們自認為還算及格。

也有些媽媽為了孩子，放棄工作當了全職媽媽，這也是個不錯的選擇。但也不能整天陪著孩子，就慢慢失去了自我，牢牢把孩子控制在身邊。全職媽媽也要多學習、多讀書，多帶孩子去外面精采的世界看看，永保一顆積極樂觀、開放的心。

我跟夏克立是協調好的，我工作的時候他照顧孩子，他工作的時候我照顧孩子。孩子到來之後，父母必然要放棄一些東西。如果有十件事情擺在眼前，那我們放棄其中三件好了，用空出來的時間陪孩子。如果以前一天可以賺一百元，現在有了孩子只能賺七十元，少了三十元還是可以活得很好，只是少賺一些而已。

身為一個職業婦女，我給自己定了一個規定，每天下午五點必須下班，五點以後就是我與女兒的專屬時間。以前我就是個工作狂，唱歌、演戲、主持，忙得不亦樂乎，週末也不休息，可是我現在告訴自己，我必須休息，因為那是屬於家庭的時間。

現在有很多爸爸自己還是個孩子，完全意識不到「父親」二個字包含的責任。在孩子還不會叫他爸爸、在孩子沒有跟他互動之前，他不會像媽媽那樣對孩子百般呵護，對孩子沒有太深的感情，只把孩子當成玩具來看待，高興的時候就逗一下，不高興的時候就丟給別人，甚至會覺得孩子很吵、很麻煩，因為他不知道怎麼陪伴孩子才好。

　　其實當父親也是一門功課，誰也不要說自己不會抱孩子、不會換尿布、不會陪他玩遊戲，你只是懶得去做而已，因為你有別的事情要做，因為你腦子裡在想別的事，因為你認為那些事情比孩子更重要。在沒有別的事情要忙的時候，你是不是寧願玩手機、玩電腦，也不想抱抱他？如果是這樣，那就不要生。

　　說到底，就是一個問題——你是否打從心底願意付出？有時候我也會這樣，忙了一整天，回到家裡還要陪小孩，就會想：「我可不可以有一點自己的時間？」做了父母、有了小孩，真的沒有辦法，必須有所犧牲，必須放下手機、電腦和工作，逼著自己去做。我們出這本書，就是想跟大家分享自己的育女經驗，我們的初衷絕不是要教大家怎麼做，因為我們也不是完美的父母，更不是教育專家，如果這本書能給你一點啟發，我們就很開心了。

爸爸
的信

親愛的猴子：

　　之所以這樣叫妳，是因為當妳還很小的時候就喜歡掛在我身上爬來爬去，像隻在叢林樹上的小猴子。妳的好奇心是那麼強，總是問東問西。爸爸，為什麼我要去學校呀？為什麼我要學習呀？為什麼我必須變得聰明呀？為什麼呀？為什麼呀？為什麼呀？妳一個接一個地問，我則盡最大的努力一個接著一個地回答。

　　漸漸地，妳成長為一個小女孩，我也成長為一個稱職的父親。當妳學習的時候，我也學習；當妳犯錯的時候，我也會犯錯；當妳哭泣的時候，我故作堅強，輕輕地把妳抱在懷中讓妳覺得安全，但其實，我的內心也在哭泣。

當妳看向世界，發現新鮮的事物，我也會把它們當作新鮮的事物。當妳第一次從跳水板上一躍而下，穿過整個游泳池游向階梯，我為妳欣喜不已、驕傲不已。當妳對著一個陌生人說「請」、「謝謝」，並讓他們微笑的時候，我也是一位驕傲的父親。在一次兒童遊戲中，妳和一群一無所有的孩子分享自己所有的貼紙，儘管妳自己所剩無幾了，但卻毫不在意，反而非常快樂。妳總是在乎別人的感受，儘管妳自己是如此渺小。

當我們一起環遊世界時，我總是把妳扔向各種旅館的游泳池、帶妳嘗試各種餐廳，因為妳是我最珍愛的寶貝。

每當妳要入睡時，儘管我也很累，而且有很多工作要完成，但我更樂意為妳朗讀睡前故事，輕輕地拍著妳的後背。

妳用雲朵、花兒和貓咪擦亮我的指甲；

妳和我一起烘焙巧克力蛋糕、餅乾，擦亮著放滿綜合餅乾的盒子；

妳是我的小老闆，坐在我的後座椅上，玩著我的立體音響；

每一次出遊，都渴望著一盒甜蜜的水果。

妳總是讓我感到非常驕傲，妳將永遠是我最珍愛的禮物。

我愛妳，我不知道是否還有父親會比我更加愛自己的女兒，我愛妳，每天、每夜。

　　每當我不在妳身邊時，請記住，我一直站在這裡，因為我已經悄悄地住進了妳的心裡，所以我們永遠也不會分開。

　　我會永遠地愛著妳，Poppy，我為妳驕傲。

　　　　　　　　　　　　　　　　　　　　　　爸爸

Dear Monkey,

　　I call you this because when you were little you used to hang and climb all over me like a Monkey in the jungle trees. You were curious about everything and asked lots of questions. Daddy, why do I go to school? Why do I have to learn? Why do I have to be smart? Why? Why? Why? You asked so many questions one after the other I answered every one as best as I could.

　　As you grew up as a little girl, I too grew up as a Dad. As you learned, I learned. As you made mistakes, so did I. When you cried, I stayed strong and held you tight so you'd feel secure but often I was crying inside too.

　　When you looked at the world and saw new things, I saw them as new again too. When you jumped off the diving board, swam to the ladder or all the way across the pool for the first time I cheered for you and was so proud of you I could explode.

　　When you said please and thank you to strangers and made them smile I was always a very proud father.

When you shared all your stickers with the little kids who had nothing at the needy children's event, you were so happy to have shared and didn't focus on the fact that you had no more stickers yourself. You always thought about the feelings of others even when you were so small.

When I threw you about in many hotel swimming pools around the world, and tried many different restaurants, you were always my favourite date.

Even though I was tired by your bedtime and I still had work to do I always cherished reading you bedtime stories and scratching your back.

You polished my nails with clouds, flowers and cats.
You baked brownies and cookies with me and polished off the cookie mix bowl.
My little boss in the back seat, controlling my stereo and always expecting a box of fruit on every ride.
You have always made me so proud and you will always be my favourite thing of my every day.

I don't think a father could love his daughter any more than I love you and I love you more and more every day.

When the day comes that I'm not around please remember that I'm always there because I secretly built myself into you so we can never be apart.

I will always love you Poppy and I am so proud of you.

Daddy

媽媽
的信

Poppy：

　　二〇〇九年三月，妳出現了，那時媽咪的身體不太好，必須好好躺著，就在那時候，妳第一次表現出妳的努力，努力乖乖地在我肚子裡慢慢長大，我耐心地等待與你見面。直到二〇〇九年十二月二日，我們終於見面了，陌生的臉孔、卻非常熟悉的感覺！現在想起來，那是我這輩子最美妙的時刻，抱著柔軟又溫暖的妳，看著妳的臉，腦袋是空白的。我承認，面對小小的妳，我真不知道該做什麼。我讓自己腦袋空白，我甚至還沒適應所發生的一切，也還沒準備好即將面臨的一切，只想享受抱著妳的感覺。

妳剛出生，沒問妳喜不喜歡，就帶著妳到處跑。妳兩個月大，沒問妳要不要，就讓妳下水游泳。妳六個月大，也沒徵求妳同意，就讓妳獨自睡覺。妳一歲時，沒問妳願不願意，就要妳學會分享。妳兩歲時，更沒跟妳討論，就送妳去學校。妳三歲時，沒問妳敢不敢，就讓妳跳水。妳大哭，我常忍著不抱妳；妳跌倒，我不馬上去扶妳，讓妳學會自己站起來；妳被罵，我不插手；妳被罰站，我不過去，讓妳自己一個人站在那兒；妳做錯事，我總是用非常嚴厲的眼神看著妳；妳說錯話，我用非常嚴肅的臉對著妳；吃妳不喜歡吃的，做妳不想做的。我規定了好多、好多。Poppy，媽咪想讓妳知道這是我愛妳的方式。媽咪還在學怎麼當妳的媽咪，媽咪還在學習怎麼把妳教好，媽咪還有好多不會的，媽咪有時粗心、有時累，更有時脾氣不好，小小的妳全接受了，接受了這樣不完美的媽咪。妳告訴我：「媽咪，這是我愛妳的方式！」妳努力學習勇敢、謙卑、同理心，妳更努力學習有勇氣面對失望、失敗。不論妳做了什麼對或錯的事，妳永遠都是我最珍貴的寶貝！妳是上帝賜給我最美好的恩典！

我永遠愛妳——我的Poppy。

媽咪

小小的美好

作曲：吳夢奇
作詞：唐恬

黃嘉千：小小一朵花，在夏天。
　　　　給她時間，等著她長成花園。
　　　　小小一隻鳥，飛不遠。
　　　　給她自由，她才會越飛越美。

夏　天：小小一個我，有魔法。
　　　　親親爸爸，他變成有鬍子的王子。
　　　　小小一個家，像童話。
　　　　媽媽說，最大的魔法是愛呀！

夏、黃：愛是用小小的美好，
　　　　給世界大大的擁抱。
　　　　小公主最大的財寶，
　　　　是相信快樂最重要。
　　　　我愛妳小小的美好，
　　　　給世界大大的擁抱。
　　　　公主不一定關在城堡，
　　　　她非常愛笑，提著裙子奔跑。

夏　天：Daddy公主是什麼樣子的？

夏克立：公主啊！
　　　　有著漂亮的衣服也可以玩泥巴！

夏　天：Daddy那星是從哪裡來的？

夏克立：因為月亮一個人發光很孤獨，
　　　　所以分享了光芒，就有了滿天星星。

夏　天：小小一個我，有魔法。
　　　　讓不說話的人，都變成好朋友。
　　　　我想要長大，可是我害怕。
　　　　媽媽說，相信愛就勇敢出發。

夏、黃：愛是用小小的美好，
　　　　給世界大大的擁抱。
　　　　小公主最大的財寶，
　　　　是相信快樂最重要。
　　　　我愛妳小小的美好，
　　　　給世界大大的擁抱。

公主不一定關在城堡，
她非常愛笑，提著裙子奔跑。

夏　　天：如果我下雨天撐傘的時候，
　　　　　我會不會變成小磨菇啊？

夏克立：當然會啊！
　　　　那樣Daddy就會站在小磨菇身
　　　　邊，變成一棵大樹。

夏　天：Daddy
　　　　為什麼書裡面的王子都沒有鬍子啊？

夏克立：因為王子長大了就會
　　　　變成保護公主的騎士。

夏　天：那你是不是我的騎士？

夏克立：有一天
　　　　Poppy會遇見沒有鬍子的王子，
　　　　但Daddy是妳永遠的騎士。

野人文化
讀者回函卡

書　名
_____

姓　名 _____ □女 □男　年齡 _____

地　址
_____

_____

電　話 _____ 手機 _____

Email
_____

□同意 □不同意　收到野人文化新書電子報

學　歷 □國中(含以下) □高中職　□大專　　□研究所以上
職　業 □生產/製造　□金融/商業　□傳播/廣告　□軍警/公務員
　　　 □教育/文化　□旅遊/運輸　□醫療/保健　□仲介/服務
　　　 □學生　　　□自由/家管　□其他

◆你從何處知道此書？
　□書店：名稱 _____　　□網路：名稱 _____
　□量販店：名稱 _____　　□其他 _____

◆你以何種方式購買本書？
　□誠品書店　□誠品網路書店　□金石堂書店　□金石堂網路書店
　□博客來網路書店　□其他 _____

◆你的閱讀習慣：
　□親子教養　□文學　□翻譯小說　□日文小說　□華文小說　□藝術設計
　□人文社科　□自然科學　□商業理財　□宗教哲學　□心理勵志
　□休閒生活（旅遊、瘦身、美容、園藝等）　□手工藝／DIY　□飲食／食譜
　□健康養生　□兩性　□圖文書／漫畫　□其他 _____

◆你對本書的評價：（請填代號，1. 非常滿意　2. 滿意　3. 尚可　4. 待改進）
　書名 _____ 封面設計 _____ 版面編排 _____ 印刷 _____ 內容 _____
　整體評價 _____

◆你對本書的建議：
_____

_____

_____

野人文化部落格 http://yeren.pixnet.net/blog
野人文化粉絲專頁 http://www.facebook.com/yerenpublish

23141
新北市新店區民權路108-2號9樓
野人文化股份有限公司 收
野人

請沿線撕下對折寄回

野人

書號：0NFL0157